普通高等学校人文社会科学重点研究基地
KEY RESEARCH INSTITUTE OF HUMANITIES AND SOCIAL SCIENCE IN UNIVERSITY

西南财经大学中国金融研究中心
宏观金融系列丛书

宏观审慎资本监管：作用机制与效果检验

Research of the Mechanism
and Effect of
Macroprudential Capital Regulation

刘锡良　汪　航 ◎ 著

中国金融出版社

责任编辑：张菊香
责任校对：李俊英
责任印制：裴　刚

图书在版编目（CIP）数据

宏观审慎资本监管：作用机制与效果检验/刘锡良，汪航著 . —北京：
中国金融出版社，2020. 6
（西南财经大学中国金融研究中心宏观金融系列丛书）
ISBN 978 - 7 - 5220 - 0598 - 0

Ⅰ. ①宏…　Ⅱ. ①刘…②汪…　Ⅲ. ①资本市场—金融监管—研究—
中国　Ⅳ. ①F832. 51

中国版本图书馆 CIP 数据核字（2020）第 069412 号

宏观审慎资本监管：作用机制与效果检验
HONGGUAN SHENSHEN ZIBEN JIANGUAN：ZUOYONG JIZHI YU XIAOGUO JIANYAN
出版
发行 中国金融出版社
社址　北京市丰台区益泽路 2 号
市场开发部　（010）66024766，63805472，63439533（传真）
网 上 书 店　http：//www.chinafph.com
　　　　　　（010）66024766，63372837（传真）
读者服务部　（010）66070833，62568380
邮编　100071
经销　新华书店
印刷　保利达印务有限公司
尺寸　169 毫米 × 239 毫米
印张　9. 5
字数　170 千
版次　2020 年 6 月第 1 版
印次　2020 年 6 月第 1 次印刷
定价　37. 00 元
ISBN 978 - 7 - 5220 - 0598 - 0
如出现印装错误本社负责调换　联系电话（010）63263947

摘　要

2008 年的国际金融危机给世界金融体系带来了严重的冲击并引起了政府和监管部门对系统性风险的重视。人们发现已有的监管理念、监管制度和政策难以有效防范系统性金融风险。金融危机的发生孕育了金融监管的重大变革。监管理念也因此在此次危机后发生了深刻变化，政府干预成为防范金融市场失灵和系统性金融风险的主要工具。由于以往的金融监管政策目标中没有考虑到由单家机构所产生的系统性风险和其所带来的后果，因此，学者们提出了许多改进金融监管的政策和手段以提高单个银行和整个金融体系的弹性。宏观审慎监管成为危机后防范系统性风险的重要监管政策。宏观审慎监管按照监管工具类型划分，可分为资本相关类、流动性相关类和信贷相关类。其中，资本相关类宏观审慎工具的提出和实践是金融危机后金融监管改革的重点领域。巴塞尔委员会在巴塞尔协议Ⅲ中加入了基于宏观审慎的资本监管要求，如逆周期资本缓冲要求、系统重要性资本附加等，以便更好地适应危机后的金融形势。从我国来看，虽然 2008 年的国际金融危机对我国银行业冲击较小，但随着我国银行业逐步开放以及"走出去"战略的实施，我国金融监管也需要进一步变革以适应新的形势。我国积极借鉴此次危机带来的教训和经验，根据我国银行业实际情况，陆续提出并开始实施一些宏观审慎资本监管政策。

在宏观审慎资本监管领域有着大量的文献，许多国家根据自身情况也进行了相关的实践，但宏观审慎资本监管仍然面临一些挑战，如作用机制研究不够深入、实施效果有待检验、面临监管套利等问题。从时间维度来看，许多文献从计提机制设计的视角分析我国逆周期资本缓冲的适用性，但对我国银行资本缓冲周期性的认识还存在分歧。更为重要的是，对我国银行资本缓冲周期性内在形成机制和驱动因素方面的研究存在不足，而厘清银行资本缓冲周期性内在形成机制是逆周期资本监管有效实施的前提。此外，逆周期资本缓冲作用机制和实证检验的研究也并不多见。从截面维度来看，许多文献分析了系统重要性机构的防范措施并利用指标法、市场法等方法评估机构的系统重要性，提出了分配系统重要性资本附加的计提机制，但结合我国实际情况对宏观审慎资本监管非预期效应的研究不多。宏观审慎资本监管在我国的实践效果同样未得到充分探讨和验证。

因此，本书以宏观审慎资本监管工具为研究对象，围绕时间维度和截面维度，从以下两个层面开展研究：一是研究宏观审慎资本监管工具的作用机制。主要从宏观审慎资本监管工具的作用对象和条件、传导渠道、实施目标进行详细探讨和实证分析。二是检验宏观审慎资本监管实施的政策效果。在分析宏观审慎资本监管作用机制基础上，结合我国实际情况探讨我国宏观审慎资本监管的预期和非预期效应，并从银行稳健性、信贷增长、系统性风险承担、系统重要性维度权衡等几个角度检验宏观审慎资本监管实施的政策效果。考虑到我国宏观审慎资本监管实践情况，本书重点研究宏观审慎资本监管中逆周期资本缓冲、资本留存以及系统重要性资本附加。本书通过对宏观审慎资本监管作用机制和效果检验的研究，弥补我国宏观审慎资本监管现有文献的不足，对我国防范系统性风险也有现实意义。

本书具体章节安排如下：

第1章为绪论。介绍选题背景和选题意义、相关概念的界定、相关文献综述，并阐述本书的研究思路和内容。

第2章为巴塞尔协议与银行资本监管的发展。主要阐述巴塞尔协议发展、资本监管理论以及2008年国际金融危机后有关资本监管的实践和探索，梳理我国有关资本监管的实践，并对宏观审慎资本监管工具作较为详细的说明和分析。

第3章为我国银行资本缓冲周期性及其内在形成机制检验。从逆周期监管视角来看，由于逆周期资本缓冲对不同驱动因素所导致的顺周期效果存在明显差异，判别影响银行资本缓冲周期性的内在形成机制是逆周期监管有效实施的前提。因此，为了考察我国逆周期资本监管的实施条件，本章探讨了我国银行业顺周期性以及我国资本缓冲周期性，并着重对我国资本缓冲的周期性内在形成机制进行实证研究，分析不同类型银行资本缓冲周期性内在形成机制的差异。从分析和实证结果来看，大型银行和股份制银行与城市和农村商业银行在资本缓冲周期性内在形成机制方面存在差异。大型银行和股份制银行在经济繁荣时期，资本监管约束力显著下降，而城市和农村商业银行表现并不显著。这表明大型银行和股份制银行实施逆周期资本监管的迫切性更高。此外，本章实证结果也表明我国银行在繁荣时期面临着利润补充资本不足与资本消耗过度的矛盾。

第4章为逆周期资本缓冲作用机制与实证检验。本章讨论银行资本缓冲和逆周期资本缓冲之间相同和不同的性质、作用以及逆周期资本缓冲的作用机制。在此基础上，考虑到逆周期资本缓冲在我国尚未实施的现实，本章利用监管压力指标作为逆周期资本缓冲实施的代理变量，研究逆周期资本缓冲实施对银行资本缓冲变动和信贷增长的影响。从分析和实证结果来看，监管压力能够显著提高银行稳健性，但对信贷增长并未产生显著影响。

第 5 章为系统重要性银行与系统重要性资本附加作用机制。本章内容主要包括分析系统重要性机构风险特征、对系统重要性机构评估以及系统重要性资本附加作用机制和非预期效应的讨论。在系统重要性机构评估中，本章利用指标法和市场法（基于 DCC – GARCH 模型的 MES 方法和 $\Delta CoVaR$ 方法）对银行的系统重要性进行评估。在资本附加作用机制方面，本章从提高稳健性、抑制不公平竞争和过度风险承担几个方面阐述资本监管防范银行系统性风险的作用机制，并结合我国实际情况从监管套利、道德风险加剧、操作机制等视角讨论资本附加的非预期效应。

第 6 章为基于截面维度的宏观审慎资本监管实施效果检验。本章主要是从第 5 章宏观审慎资本监管的作用机制和非预期效应出发，检验宏观审慎资本缓冲实践效果及其对银行产生的影响。从实证检验结果来看，虽然实施宏观审慎资本监管能够在一定程度上抑制系统性风险，但其带来的负效应显著削弱了宏观审慎资本监管的效力。

第 7 章为本书结论和政策建议。本章归纳了本书的主要结论，并从宏观审慎资本监管的实施效果提升、制度建设、市场约束等方面提出改进宏观审慎资本监管的政策建议。

本书可能的创新之处在于：

一是实证分析了我国不同类型银行资本缓冲周期性内在形成机制的差异性。逆周期资本缓冲对不同驱动因素所导致的顺周期效果是存在差异的，因而判别影响银行资本缓冲周期性的内在形成机制是逆周期监管有效实施的前提。我国大型银行和股份制银行的资本监管在经济繁荣时期约束力下降，而城市和农村商业银行在繁荣时期更多地表现出自身风险承担意愿增加。这表明对大型和股份制银行实施逆周期资本缓冲更为迫切。

二是考虑逆周期资本缓冲实施必然导致监管压力变化的事实，利用监管压力指标作为实施逆周期资本缓冲的代理指标，检验监管压力指标对银行资本缓冲变动和信贷的影响，以检验逆周期资本缓冲实施有效性。由于我国逆周期资本缓冲具体实施框架和细节并未出台，研究逆周期资本缓冲主要集中在逆周期资本缓冲机制设计上，但对效果检验的研究不多。本书在分析逆周期资本缓冲作用机制基础上，区分了逆周期资本缓冲与资本缓冲，并利用监管压力指标检验逆周期资本缓冲实施的有效性。本书发现监管压力对于实施逆周期资本缓冲有着显著的影响，监管部门在实施逆周期资本缓冲过程中需要考虑不同周期和逆周期资本缓冲制度所带来的监管压力变化对实施有效性的影响。

三是从实证角度检验了系统重要性资本附加的非预期效应。国内关于系统重要性资本附加实践效果的讨论较少，本书分析了系统重要性资本附加防范系统性风险的机制并结合我国银行业实际讨论可能产生的非预期效应，利用我国银行数据对其进行了检验。在模型设定方面：（1）不同于以往资本监管与风险承担方面的文献中采用不良贷款率等反映银行自身风险的指标作为其风险承担的指标，本书采用了杠杆率、MES 和 CoVaR 方法所估计的系统重要性、同业业务作为银行系统性风险承担的衡量指标。（2）本书在模型中加入了宏观审慎资本监管与资本充足率的交互项，检验了它们之间相互削弱的效应。资本充足率在市场中具有维持银行信心、降低信息不对称的作用。资本充足率也是衡量银行对于自身风险态度的指标之一。系统重要性资本附加的实施对银行而言，同样也意味着政府对银行更高级别的担保，从而可能加剧道德风险。因此，本书在模型中考虑到系统重要性资本附加的实施可能会部分替代银行资本充足率的作用并导致资本充足率对银行影响发生改变的情形。

四是提出了银行系统重要性维度之间的权衡问题。银行系统重要性评估的维度主要包括规模、可替代性、关联度和复杂性等四个维度，并且四个维度设置为等额权重。在宏观审慎资本监管效果检验分析中，基于我国对大型银行实施 1% 的系统重要性资本附加，本书提出了银行系统重要性维度权衡的问题，并通过模型进行了实证研究，得出了有意义的结论。

目　录

1. 绪论

1.1 研究背景和选题意义

在 2008 年国际金融危机前，金融监管主要以微观审慎监管为主，通过监管单个机构的合规性把控其风险，防范单个机构破产为主要目标，以维护存款人和投资者利益，进而维护金融体系的稳定。但在危机后，人们发现以往对于清偿能力和流动性的监管并不能有效维护金融稳定，微观审慎为主的监管政策和措施并不能有效抑制和化解系统性金融风险。2008 年的国际金融危机促使人们重新思考宏观调控和金融监管政策。许多学者提出运用宏观审慎工具和政策进行宏观金融管理。宏观审慎管理的概念和理论被国际社会广泛接受并逐步得到实施运用，加强宏观审慎管理和微观审慎管理成为国际监管的共识。2010 年，英国政府出台了《2010 年金融服务法》，维护金融稳定成为英国金融服务管理局的目标；美国也签署了《多德—弗兰克法案》。同年，巴塞尔协议Ⅲ批准并发布。巴塞尔协议Ⅲ将微观审慎和宏观审慎相结合，针对系统性风险，提出了诸多监管手段，如对资本管理提出了更为严厉的要求，并引进了譬如逆周期资本缓冲、系统重要性资本附加（Systemic Capital Requirement）、流动性资本要求等新的监管工具。欧美等国家也根据自身的实际情况，构建了宏观审慎管理体系。我国在 2008 年国际金融危机后，监管部门对我国系统性金融风险进行了相关研究，并着手建立符合我国实际情况的宏观审慎管理体系，以防范系统性风险。中国人民银行在 2011 年将差别存款准备金动态调整制度视为重要的宏观审慎政策工具加以引入，综合考虑各金融机构的系统重要性和稳健性状况，建立了准备金动态调整的激励机制，引导金融机构稳健合理投放信贷。银监会在 2012 年颁布了《商业银行资本管理办法（试行）》，并于 2013 年开始实施。在《商业银行资本管理办法（试行）》中明确规定了逆周期资本缓冲，并已开始尝试实施资本留存和系统重要性资本附加工具。

国际金融危机后，资本监管仍然是金融监管的核心。基于宏观审慎资本监管，我国许多学者从时间维度对我国银行资本缓冲周期性进行了实证分析，讨论了银行逆周期资本缓冲的计提机制适用性等问题，在截面维度讨论了系统重要性资本附加工具以及我国系统重要性机构的识别、评价等问题，对完善我国宏观审慎管理制度、促进宏观审慎管理有效性有着重要意义。但与此同时，从时间维度来看，我国不同类型银行资本缓冲周期性的内在形成机制还未厘清、逆周期资本缓冲作用机制和实证分析的讨论较少；在截面维度，关于系统重要性资本附加作用机制研究不多，其可能产生的非预期效应以及在我国的实践效果还有待进一步检验。因此，本书从宏观审慎工具中基于资本类监管工具出发，从时间和截面两个维度围绕宏观审慎资本监管工具作用机制和效果检验，对宏观审慎资本监管的目标、作用对象、预期和非预期效果以及政策实施效果等问题进行研究，有助于更进一步完善我国宏观审慎管理制度，提高我国防范系统性风险的能力。

1.2　相关概念的界定

1.2.1　系统性风险和系统重要性

关于系统性风险的定义，不同学者从不同角度进行了阐述。从传染的角度而言，有学者认为传染风险即为银行的系统性风险（Schoenmaker，1996）。Kaufman 等（2003）也认为在外部冲击下，银行体系的资产负债表关系之间联系导致风险的传染为系统性风险。从冲击后果来看，国际货币基金组织（IMF）全球金融稳定报告（2009）定义系统性风险为由于金融体系损失导致金融服务紊乱的风险并对实体经济产生严重的负面影响。Eijffinger（2012）指出无论如何定义系统性风险，系统性风险能够导致信心丧失和金融体系及其组成部分功能的不确定性上升。系统性风险的概念在于传染效应和对实体经济的负面冲击。类似地，一些文献把系统性风险定义为冲击导致金融服务广泛中断并且对实体经济造成严重影响的风险（FSB et al.，2011；刘春航和朱元倩，2011）。马里奥·J. 列托（2013）认为系统性风险被定义为金融体系发生广泛危机的风险。欧洲中央银行（ECB）（2009）认为系统性风险可描述为许多系统重要性金融中介和市场遭受不利影响的系统性事件。Pawel Smaga（2014）总结了系统性风险定义的文献，他认为，这些文献对系统性风险的定义主要强调的是对金融体系或者许多金融机构功能的破坏。系统性风险的关键因素是冲击在相关联的系统中传导，并导致实体经济受损。危机后，文献更加关注金融体系功能破坏对实体经济的影响。从发生机制的角度来定义系统性风险，Allen等（2010）认为系统性风险指众多金融机构由于共同或者外部冲击、传染导致金融机构倒闭的情形。阿维·V. 阿可亚（2013）认为系统性风险与污染类似，当一家银行表现很差或者资本不足，就像在排放二氧化碳，会污染整个环境。

关于系统性风险的内容和定义很多，并没有达成共识（Bisias，2012）。虽然从不同视角对于系统性风险定义不同，但从防范系统性风险的角度来看，本书认为Allen等（2010）的表述能够概括系统性风险的主要特征，为防范系统性风险提供一个较好的视角。本书认为系统性风险强调的是冲击后所凸显的普遍性和传染性生成机制。普遍性，指的是冲击影响的面较广，宏观上如资本流入导致银行外债比例过高、经济周期而引发的金融体系顺周期性等情况导致冲击将对金融体系造成普遍的影响。传染性则是指一家机构的危机会迅速波及其他金融机构，如某家银行倒闭导致持有共同风险暴露爆发、市场信心崩溃、资产价格急剧下降或流动性枯竭等因素导致金融风险在金融体系内波及和扩散。从这个意义来对系统性风险进行讨论，可从系统性风险的整体性概念和个体性概念进行分析。即系统性风险的整体性概念，强调普遍性；系统性风险的个体性概念，即强调个体引发的传染和扩大效应，强调个体传染性。为了更为细致地区分，包全永（2005）把系统性风险分为广义系统性风险和狭义系统性风险。他认为广义系统性风险是整个金融体系丧失功能的可能性，而狭义系统性风险是机构受到冲击给其他机构带来的损失，并可能导致整个金融体系功能丧失的风险。Nier（2009）指出宏观系统性风险（Macro‑systemic Risk）是金融体系暴露在风险积累（如相关联的风险敞口快速增长）下而引发的风险。微观系统性风险（Micro‑systemic Risk）是由于单个机构破产对金融系统负面冲击而引发的风险。Pawel Smaga（2014）认为从微观风险视角看，系统性风险可以认为是单个金融机构通过负外部性（单个机构的系统性风险贡献）对金融稳定的"污染"。

国外学者提出了许多度量系统性风险的方法，从以上部分对系统性风险和系统重要性的文献来看，可以分为两大类，即对金融体系整体风险进行测度（广义系统性风险测度）和对单个机构系统重要性进行测度（狭义系统性风险测度）。在对金融系统整体风险测度方面，Gray 等（2008）利用或有权益分析法（Contingent Claims Analysis，CCA）来分析宏观金融风险。宫晓琳（2012）利用 CCA 方法度量了我国 2000—2008 年宏观金融风险，分析了经济各机构部门风险的动态变化。刘春航和朱元倩（2011）对我国系统性风险度量框架进行了研究。聂召（2013）利用二元分类数（BCT）模型预测我国金融危机发生的概率。狭义系统性风险强调金融机构给其他机构所带来的负外部性或溢出效应，因此许多文献采用系统重要性衡量金融机构（狭义）系统性风险。系统重要性指的是每家机构为整个体系的系统性风险作出自己的"贡献"（贾彦东，2011）。国内有非常多的文献强调系统性风险贡献度或系统重要性，如严兵等（2013）、陈建青等（2015）、卜林和李政（2015）、肖璞等（2012）、朱波和卢露（2014）、刘春志和范尧熔（2015）等。也有的学者直接将 MES 或者 CoVaR 作为指标度量银行系统性风险水平，如陆静和胡晓红（2014）、白雪梅和石大龙（2014）、宋清华和姜玉东（2014）、姜林（2015）等。有的文献在研究系统性风险与银行特征或其他变量之间关系时，采用系统重要性指标衡量商业银行系统性风险，如周天芸等（2012）、张雪兰等（2014）、彭建刚等（2014）等。Bisias（2012）总结了 31 种系统性风险度量方法，CoVaR 和 MES 属于其中的横截面法。在《CoVaR》一文中，Adian 和 Brunnermeier（2011）在摘要中写道："我们提出了一种度量系统性风险的方法：CoVaR……" Carlos Castro 和 Stijn Ferrari（2014）在《Measuring and testing for the systemically important financial institutions》中谈到其文章的贡献时写道："本书对不断发展的基于市场系统性风险衡量的文献具有贡献。"从国内而言，也有学者将 CoVaR 或者 MES 归类为系统性风险度量方法，如星焱（2014）、胡海峰和代松（2012）、钱水土和陈鑫云（2014）等。高国华和潘英丽（2011）在《银行系统性风险度量——基于动态 CoVaR 方法的分析》中，主要分析测算我国 14 家上市商业银行的系统性风险贡献度及其影响因素。王博和齐炎龙（2015）把 CoVaR 和 MES 归为基于系统性风险角度的宏观金融风险测度方法。故系统重要性或者系统性风险贡献度属于度量金融机构系统性风险的重要内容。

1.2.2 宏观审慎管理

在国际金融危机后，宏观审慎管理成为研究的一个热点。关注宏观稳定应优先于关注微观稳定已经是一个新的共识（Schoenmaker D.，2014）。Borio（2003）对宏观审慎监管的框架进行了论述，并对宏观审慎管理与微观审慎管理进行了区别。宏观审慎管理的定义繁多，但从大多数定义来看，其主要目标是针对系统性风险。Stijn Claessens（2014）认为，原则上，宏观审慎管理政策的产生是由于在微观审慎监管和货币政策有效进行的情况下，各种金融摩擦和市场不完美而导致的外部性和市场失败。他们认为宏观审慎管理不能防止未来的金融危机，它的目标是减少危机发生的可能性和影响程度。2011年2月，金融稳定理事会（FSB）、国际货币基金组织（IMF）和国际清算银行（BIS）在《宏观审慎政策工具和框架》中认为，宏观审慎政策为运用宏观审慎工具防范系统性风险，进而抑制其可能对实体经济造成的冲击，并导致金融服务范围的混乱。2010年《中国金融稳定报告》认为宏观审慎管理为了防范金融体系内部相互关联可能导致风险传递，并考虑跨经济周期金融体系的稳健程度变化。周小川（2011）表示，宏观审慎政策框架是维护金融稳定，主要特征是建立更强的、体现逆周期的政策体系。

在关于宏观审慎的文献中，有的文献强调宏观审慎监管或者宏观审慎管理（Macroprudential Regulation），有的文献强调宏观审慎政策（Macroprudential Policy）。宏观审慎监管，强调的是标准和要求以及考虑如何进行制度安排和实施，促使被监管者达到监管要求，强调的是宏观审慎工具的执行。宏观审慎政策的内容则更为宽泛，强调的是根据宏观金融形势，宏观审慎当局运用宏观审慎工具对于整体金融的调控。José Viñals（2011）认为宏观审慎政策包括目标、分析范围（作为一个整体考虑的金融体系以及其与实体经济的相互作用关系）、一系列工具和机构体系。在机构体系方面，应当确定宏观审慎当局的任务和目标，并有充分的权力收集信息、建立报告和监管周期，校准工具等。中央银行在宏观审慎政策制定中应发挥突出的作用。李波（2016）认为宏观审慎政策框架包含了政策目标、评估、工具、实施、传导、治理架构等，其内涵要远大于所谓"宏观审慎监管"。钟震（2012）认为宏观审慎政策研究文献可归为三类：一是宏观审慎分析，即识别与评估系统性风险；二是宏观审慎监管，即政策工具与监管维度；三是宏观审慎监管组织框架，即治理机制与国际合作。强调宏观审慎的宏观经济管理职能，强调与其他宏观政策相配的文献中，大多采用宏观审慎政策进行论述的较多，如 Margarita Rubioa 和 José A. Carrasco – Gallego（2014）检验了宏观审慎和货币政策对于经济周期、社会福利和金融稳定的影响。Caterina Mendicino 和 Maria Teresa Punzi（2014）评估了货币政策和宏观审慎政策在缓解由于经常账户赤字和金融脆弱性相互作用导致的顺周期性的作用。但一些文献也存在着宏观审慎政策与宏观审慎监管两者的混用。如 Pierre – Richard Agénor 和 Luiz A. Pereira da Silva（2014）运用动态宏观模型分析银行主导的金融体系中货币政策和宏观审慎政策的相互效应时，采用宏观审慎监管代替了宏观审慎政策。Sami Alpanda 等（2014）采用 DSGE 模型分析金融冲击和宏观审慎政策的效果，用宏观审慎监管代替了宏观审慎政策。我国一些文献如廖岷等（2014）把宏观审慎监管理解为宏观审慎政策。本书主要研究的是宏观审慎工具的作用机制与效果检验，强调工具实施及其效果，并未考虑依据宏观金融形势实施宏观审慎工具的情形，也未涉及宏观审慎组织制度设计以及宏观审慎当局与中央银行关系，对于宏观审慎政策中的框架、分析、制度设计、与货币政策相互配合等方面的内容并未涉及，而仅从工具执行效果的视角讨论问题，因此，本书所讨论的内容属于范围更窄的宏观审慎监管，其属于宏观审慎政策的一部分。

张健华和贾彦东（2012）认为从操作层面来看，大部分研究主张从时间维度和截面维度对宏观审慎政策目标进行说明。Borio（2010）认为区分时间维度和截面维度对于管理系统性风险十分重要。因此，宏观审慎政策工具一般分为两类：一是针对时间维度顺周期性提出的逆周期监管政策，二是针对截面维度中金融机构传染性、共同风险暴露以及系统重要性金融机构等情况而提出的监管政策。这与上节中本书谈到的系统性风险的整体性和个体性是一致的。时间维度，强调的是随着时间的推移，整个金融体系风险上升，即强调系统性风险中普遍性生成机制而导致系统性风险上升；截面维度，强调的是单个机构或者几个机构受到冲击后传染给金融体系其他机构的状态，即强调系统性风险中传染性生成机制。因此，从时间维度来看，系统性风险生成机制主要是金融体系的顺周期性，在时间维度上防范系统性风险就是抑制顺周期性或者降低顺周期性给金融体系所带来的冲击。从截面维度看，系统性风险的生成机制主要是由于系统重要性机构与金融体系其他机构具有较高资产负债表关联，其危机导致冲击在金融体系传染，并由于信息传染造成更大的冲击。因此，防范系统性风险的主要手段是提高系统重要性机构的稳定性和限制其传染和扩大机制。虽然宏观审慎工具种类和数量繁多，但资本监管仍然在宏观审慎框架中扮演重要角色。如国际金融危机后，所讨论的逆周期资本缓冲、储备资本以及针对系统重要性机构的资本附加和流动性附加均属于宏观审慎的内容。在讨论宏观审慎资本监管防范系统性风险当中，当其作为工具被监管部门而使用，如通过逆周期资本缓冲和资本留存从银行业整体上提高银行的弹性和稳定性，从而在整体上防范系统性风险。当其只针对部分银行，如系统重要性机构，则是基于此类系统重要性机构在金融体系中处于非常重要的地位，通过提高此类机构的损失吸收能力，抑制其道德风险，降低系统重要性机构危机发生概率，防范系统性风险。

1.2.3 银行资本监管与宏观审慎资本监管

金融监管包括限制性规定以及合规性、达标性要求等（白钦先，2000）。资本监管则是监管部门对银行所持有的资本作出明确规定，对银行监管资本进行合规检查并对未达到要求的银行进行处罚，直至银行达到监管要求的监管活动。资本监管包括微观审慎资本监管和宏观审慎资本监管。微观审慎资本监管是基于维护单个银行稳健性出发而设立的资本监管，这也是以往监管部门所实施的资本监管。一般人们谈到的资本，实际上就是通常意义上的本钱，其用于在企业日常经营活动中承担经营风险。故银行资本对应的是银行自有的资金，也是其从事经营活动所必须具有的资金。资本可用于抵御银行风险，吸收非预期损失。经济资本是银行根据自身风险状况所配置的资本，而监管资本是监管当局规定银行必须持有的与其经营业务风险相匹配的资本。Dewatripont 和 Tirole（1994）指出资本监管的目的在于吸收损失以保护存款人。在实际中，银行经济资本可能大于也可能小于银行监管资本。监管部门根据监管资本的规定计算银行的资本充足率，并以此为基础，制定监管规则措施以及相机抉择对银行实施监管和检查。故资本监管是风险管理一项重要内容，其用于衡量银行的资本是否能够抵御其各类风险暴露所产生的非预期损失。当然，资本监管是一套全面的规则，包括风险识别、管理流程、方法工具等。王兆星（2014）认为资本监管包括三个层次：一是商业银行要全面衡量风险，并评估其资本是否能够抵御；二是银行需要根据风险调整后资本收益率（RAROC）和经济增加值（EVA）开展各项业务；三是银行应根据市场和自身的情况，制定资本规划。

我国 2013 年开始实施的《商业银行资本管理办法（试行）》明确提出了我国银行业的监管资本要求。表 1 – 1 说明了我国监管资本的层次和最低要求。我国《商业银行资本管理办法（试行）》所规定的核心一级资本充足率为 5%，高于巴塞尔协议Ⅲ所规定的核心一级资本充足率 0.5%。此外，银保监会还可在第二支柱框架下，针对部分风险组合或者根据监管检查结果，针对单家银行提出特定资本要求。

表 1 – 1　　　《商业银行资本管理办法（试行）》资本要求

资本层次	核心一级资本	一级资本	总资本
最低资本要求	5%	6%	8%
储备资本要求	2.5%		
逆周期资本要求	0～2.5%		
国内系统重要性银行附加资本	1%		

宏观审慎资本监管则是依据宏观审慎的要求，以防范系统性风险为出发点设立并实施的资本监管。中国银监会课题组（2010）也认为最低资本要求是侧重于微观层面的风险，维护单个银行的清偿能力；而商业银行针对系统性风险计提超额资本和附加资本是监管部门基于宏观审慎原则而提出的资本监管，其目标是提高银行系统有效应对系统性负面冲击的能力。我国《商业银行资本管理办法（试行）》提出的多层次资本监管要求，除最低资本要求外，其他层次资本要求主要是基于宏观审慎管理要求而设立，是为了应对金融系统性风险而定的，属于系统性资本要求的范畴（张强和张宝，2011），也可称为宏观审慎资本要求。按照时间维度和截面维度区分，可以把系统性资本要求划分为基于抑制随时间变化导致的风险积累对银行负面冲击而设立的储备资本和逆周期资本缓冲和针对金融体系中特定机构而设立的系统重要性资本附加。本书主要将研究的重点放在系统性资本监管方面，即基于防范我国银行业系统性风险而设定的资本监管，即储备资本（资本留存）要求、逆周期资本缓冲要求以及系统重要性资本附加要求等。

1.3 相关文献综述

1.3.1 宏观审慎管理相关文献

（一）宏观审慎政策工具

IMF（2011）定义宏观审慎政策工具是专门为减少时变或者横截面维度的系统性风险或者明确针对系统性风险的工具，虽然此类工具并不是专门为抑制系统性风险而开发的。Balogh（2012）认为宏观审慎政策工具能够被广泛地定义为一系列监视、防范和处置系统性风险的措施，同时其也可降低系统性风险成本。许多学者从不同角度对宏观审慎管理工具进行了梳理。如有的学者从系统性风险生成机制出发对宏观审慎工具进行了分类。Peter Balogh（2012）认为国际上对采用哪些指标来监测整个金融体系风险还没有达成共识。但很多文献在做促进达成共识的工作。宏观审慎工具必须具备：高质量的数据，通过指标或者数量的方法来识别、测度、监测和预测系统性风险，降低宏观审慎风险的工具。宏观审慎工具的目标是一致的，就是减小系统性风险和在系统性危机过程中的成本。他们认为宏观审慎工具主要包括：（1）应对来自过度信贷扩张的工具，包括动态资本要求、动态准备金、信贷和信贷增速控制、动态贷款价值比、债务收入比、动态保证金要求和准备金要求。(2) 应对来自放大机制的工具,包括限制期限错配,限制外币贷款上限,限制净外汇头寸敞口或其不匹配的限制,对非核心负债征收。(3) 减少结构性脆弱性和限制溢出的工具,包括对系统重要性金融机构的附加损失准备 (Additional Loss Absorbency),针对市场和机构的信息披露政策,以及系统重要性银行救助计划 (Resolution Requirements for Systemically Important Financial Institutions)。

从宏观审慎管理的作用对象出发,Stijn Claessens 和 Swati R. Ghosh (2012) 把宏观审慎管理工具分为四类。第一类是针对借款者的工具,如贷款价值比 (LTV) 限制和债务收入比 (DTI) 限制。第二类是针对金融机构的,解决机构资产问题,如信贷增长 (Credit Growth, CG) 限制、外币借款 (Foreign Currency Lending, FC) 限制。第三类是针对金融机构,解决流动性问题,如准备金要求。第四类是解决银行缓冲问题,如动态资本准备 (Dynamic Provisioning, DP) 和利润分配限制 (Restrictions on Profit Distribution, PRD)。

表 1 - 2　　　　　　　　宏观审慎工具的分类

阶段	资本要求,拨备,附加费	对金融机构资产负债表的限制(资产、负债)	对借款人、工具和行为的限制	税收	其他(包括制度性基础设施)
扩张阶段	反周期资本要求,杠杆率限制,一般(动态)拨备(增加金融机构弹性)	随时间调整的上限/限度:错配(外汇,利率),准备金要求(降低周期性)	随时间调整的上限/限度/规则:DTI、LTI、LTV;保证金及折扣比例;对机构贷款;信贷增长(降低周期性)	对特殊资产或者负债征税	会计制度(如对盯市制度规则的变化);改变补偿,市场纪律
紧缩阶段:火线出售,信贷紧缩	反周期资本要求,杠杆率限制,一般(动态)拨备(增加金融机构弹性)	流动性限制[如净稳定融资率(NSFR)和流动性覆盖率(LCR)](增加金融机构弹性)	对特殊贷款损失准备调整,保证金及折扣比例(如通过周期动态调整)(降低周期性)	征税(如对非核心负债)	标准化产品;场外 VS 场内;安全网(中央银行/财政部流动性支持,财政支持)

续表

阶段	资本要求，拨备，附加费	对金融机构资产负债表的限制（资产、负债）	对借款人、工具和行为的限制	税收	其他（包括制度性基础设施）
传染或者从系统重要性银行或金融网的冲击传染	对系统性风险的资本附加	对特殊机构在（双边）金融暴露的限制，其他资产负债表措施	对资产组合活动不同限制（"沃克尔法则"）	对外部性征税（规模，关联性）	制度性基础设施减少［如中央对手方（CCP）］；信息披露

资料来源：Stijn Claessens 和 Swati R. Ghosh（2012）。

　　C. Lim 等（2011）认为宏观审慎工具为了达到宏观审慎目标，一般采取三类措施：第一类是信贷相关类（Credit - Related），主要包括贷款价值比（LTV）限制、收入债务比（DTI）限制、外汇借款限制以及信贷规模或信贷增速限制等；第二类是流动性相关类（Liquidity - Related），主要包括净外汇头寸限制、货币错配限制、期限错配及准备金限制等；第三类是资本相关类（Capital - Related），主要包括逆周期/时变资本要求、时变/动态准备金要求以及利润分配限制。Gianni De Nicolò 等（2012）认为宏观审慎管理应该纠正金融体系的外部性。他们提出了金融机构战略互补性（在金融周期的上升期导致承担过度风险或机构之间相关联的风险）、火线出售和关联性所导致的外部性。纠正外部性，应该是宏观审慎政策的中介目标，因为控制外部性可以减少创造系统性风险的市场失败。他们认为每类外部性应该由不同的宏观审慎政策给予纠正。FSB 等（2011）按照时间维度和截面维度对宏观审慎工具进行了阐述。

表1-3　　　　　　　　FSB 等（2011）对宏观审慎工具的划分

层面	时间维度	截面维度
国际层面	基于巴塞尔协议Ⅲ：逆周期资本缓冲、资本留存	基于巴塞尔协议Ⅲ：对交易、衍生产品业务、复杂证券和表外暴露附加更高资本要求、流动性资本要求、国际金融部门暴露资本要求等
	证券抵押物折扣限制	系统重要性机构管理框架
	预期贷款损失准备工具（Expecte Loss Provisioning）	增强金融基础设施，降低传染风险

层面	时间维度	截面维度
国家	应对信贷或资产价格增长工具	支付结算监督管理
层面	准备金制度、对非存款负债征税	管理风险集中的结构措施，如美国"沃克尔法则"

资料来源：FSB，IMF，BIS，2011. Macroprudential Policy Tools and Frameworks Update to G20 Finance Ministersand Central Bank Governors。

IMF、FSB 和 BIS（2011）把宏观审慎管理工具分为专属类和校准类两类工具。专属类工具是特意为防范系统性风险而出台的政策工具，校准类工具则是原本已经作为微观审慎工具在使用，但修正后可用于防范系统性风险。

表1-4　　IMF、FSB、BIS（2011）宏观审慎管理工具的划分

专属类	逆周期资本缓冲 对非核心存款征税 调整特定部分风险权重 系统重要性资本附加 对未通过中央对手方清算交易提出更高资本要求
校准类	动态拨备、存贷比限制 贷款价值比、债务收入比 对业务范围限制 货币错配或敞口限制 信贷规模或增速限制

资料来源：IMF，FSB，BIS，2011. Macroprudential Policy：An Organizing Framework。

（二）宏观审慎管理的效果评价

在实证方面，有许多文献对宏观审慎工具进行了效果评价。IMF（2013）总结了国际金融危机后几年来宏观审慎管理工具有效实证分析文献，研究的宏观审慎工具主要包括 LTV、贷款增长限制等。大多数研究文献衡量有效性标准主要集中在宏观审慎政策对整体经济或者金融部门的影响，如信贷或资产价格增长率。Stijn Claessens 等（2014）研究了宏观审慎管理工具在限制银行体系脆弱性的效果。他们利用面板数据回归，分析了 48 个国家 2800 家银行在 2000—2010 年宏观审慎管理政策对银行资产负债表的变化，发现限制信贷增长和外币借款的政策在减少银行资产增长方面是有效的，缓冲类的政策对资产增长则效果不明显，也没有证据表明宏观审慎管理工具的有效性与周期的强度（Intensity of the Cycle）有关。他们发现不同的宏观审慎政策在发达国家和新兴市场国家是存在差异的，由于房地产膨胀和萧条周期在整个金融周期起着重要作用，借款类（Borrower – Based）工具在发达国家更为有效。C. Lim 等（2011）采用 49 个国家数据，利用跨国回归分析了宏观审慎工具的有效性。他们认为贷款价值限制和债务收入比限制、信贷或信贷规模限制、准备金要求、逆周期资本要求和动态贷款损失准备能够抑制顺周期性。

Thierry Tressel 和 Yuanyan Sophia Zhang（2016）研究了宏观审慎工具控制房地产方面的效果，以及这类工具的传导途径和其与货币政策的关系。他们采用欧元区银行贷款调查数据，发现影响银行资本成本的工具（实施逆周期资本缓冲、时间或行业风险权重要求或者对银行资本充足率的要求）能够降低信贷增长或房价上升。贷款价值比同样能够影响信贷增长和房地产升值，但贷款价值比的影响并不剧烈。Bin Wang 和 Tao Sun（2013）研究了中国宏观审慎政策以及它们对控制系统性风险所发挥的作用。作者认为我国系统性风险主要体现在信贷和资产价格风险，与此同时，银行部门和非正规金融与地方政府融资平台之间的关联也极可能引发系统性风险。作者利用我国 171 家银行数据进行实证分析，发现部分宏观审慎管理工具［如存款准备金率、房屋相关的政策（House – Related Policies）］是有效的，但不能保证在现在的经济和金融环境下，能够防范系统性金融风险。IMF（2011）发现收入债务比、外汇借款限制、准备金要求和动态拨备等均能显著降低信贷和 GDP 增长率的关联性。Camilo E. Tovar 等（2012）利用拉丁美洲 5 国的数据，采用事件分析法和面板VAR 方法检验了存款准备金这一宏观审慎工具的有效性，他们发现这些工具有温和以及短暂的效果，并且是货币政策的一个补充。邹传伟（2013）实证分析发现逆周期的资本缓冲对企业信用状况驱动的信贷顺周期性有效性较高，对资产价格驱动的信贷顺周期性效果有限。Jonathan D. Ostry 等（2012）采用51 个新兴经济体 1995—2008 年的数据，分析了审慎政策和资本管制对金融稳定风险（资本急剧流入）的影响。他们认为资本管制和各种审慎政策可以帮助减少外部负债结构以及高风险外币借款的程度。

张敏锋（2014）采用 DSGE 模型检验了我国逆周期宏观审慎政策工具——贷款价值比的有效性，认为贷款价值比能够达到逆周期调节的要求。Christoph Basten 和 Cathérine Koch（2015）从逆周期资本缓冲对借款结构和借款人风险特征入手，利用瑞士银行业数据实证研究了瑞士银行业对住宅抵押贷款实施逆周期资本缓冲的影响，发现逆周期资本改变了抵押贷款供给的结构，资本限制和抵押贷款专业银行相对其他竞争对手而言提高了抵押贷款的价格，逆周期资本缓冲已经促使抵押贷款从弹性小的银行转向弹性更大的银行。Q. Farooq

Akram（2014）考察了银行资本要求以及其作为巴塞尔协议Ⅲ的宏观审慎工具对挪威经济的宏观影响，实证结果认为资本要求的变化主要是通过贷款利率对其他变量产生影响。巴塞尔协议Ⅲ提出的增加资本要求对房价和信贷有显著的影响。Drehmann 和 Gambacorta（2012）模拟了逆周期资本缓冲对银行借贷的影响，他们发现逆周期资本缓冲能够降低信贷增长。曹森（2014）通过模型分析留存资本缓冲和逆周期资本缓冲的影响，作者认为两者能够抑制信贷顺周期性。朱太辉（2012）主要是针对信贷内生性扩张对逆周期资本缓冲监管效力的影响进行了理论分析，认为逆周期资本缓冲对于抑制信贷供给效果会由于经济体信贷扩张而削弱。

（三）宏观审慎管理工具实践效果的影响因素

Rashmi Harimohan 和 Benjamin Nelson（2014）考虑到信贷条件对宏观审慎管理实施的影响。这些影响是基于金融体系经济、银行和金融投资者、借款人对宏观审慎管理政策的反映。他们认为宏观审慎管理的资本政策对借款的影响受到两个因素影响，一是政策的变化通过改变银行总体成本而对信贷供给的影响程度，二是政策变化对借款者贷款需求的影响程度。他们认为其他的监管政策如流动性和杠杆率要求也可能会影响到银行调整资产负债表以对应宏观审慎资本要求监管。如巴塞尔协议Ⅲ中要求的流动性覆盖率指标，其可能影响到银行的资本状况。Shekhar Aiyar 等（2012）认为资本监管能够控制信贷总供给的有效性有赖于两点：一是资本要求的变化会影响被监管银行的贷款供给，二是信贷的替代品（遗漏）不能完全抵消被监管银行的信贷供给。英国的资本要求对被监管银行的信贷供给有着显著的影响，但非英国监管银行（外国驻英国分支金融机构）相对监管银行而言，它们对于从紧的资本监管要求的反应是增加贷款。这也说明了宏观审慎管理跨国合作的重要性。Tito Cordella 和 Samuel Pienknagura（2013）利用个体银行风险选择模型发现不同的宏观审慎工具对银行风险承担动机的影响是不同的，因此宏观审慎管理与微观审慎管理立场之间的冲突可能会上升。Janko Cizel 等（2016）研究了宏观审慎政策是否导致非银行中介替代银行为基础的金融中介。他们发现宏观审慎政策能够有效降低银行信贷增长；当采取宏观审慎政策时，信贷供给会从银行转向非银行体系，特别是在跨部门尤为明显。宏观审慎措施实施后，投资基金和资本市场债务发行增长说明了这些措施效果被银行体系外的新形式的信贷增长所抵消。他们认为跨部门替代可能会带来新的系统性风险。当信贷泡沫从银行转移到金融市场，家庭或者企业继续积累债务，宏观经济脆弱性继续上升会导致危机。

IMF（2011）指出了宏观审慎监管机构设置框架的原则。他们认为中央银行要在宏观审慎管理中发挥重要作用，分割的监管制度不利于降低整体金融风险；财政部门参与宏观审慎管理是有帮助的，但财政部门作为主导机构可能会由于延缓采取宏观审慎措施而增加风险。与此同时，财政部门作为主导很可能导致政策独立性下降。Cheng Hoon Lim 等（2013）分析了制度安排如何对宏观审慎管理工具产生影响。他们利用 39 个国家 2008—2011 年的数据，评估了宏观审慎政策在不同类型制度安排下的政策反应。他们发现给予中央银行重要地位的宏观审慎框架能够更加及时地运用宏观审慎工具。政策制定者在执行货币政策中受到一定程度约束的情况下，倾向于更快地运用宏观审慎工具。Olivier Jeanne 和 AntOn KorineK（2014）认为宏观审慎政策大部分集中在银行管理领域，但宏观审慎管理所管理的外部性已超过了银行部分，并且其在房地产和公司部门同样起着重要作用。他们讨论了宏观审慎管理框架能够可行地运用到银行以外的部门。他们提出了一个直接针对信用创造的宏观审慎管理框架，并特别针对在实际部门减少高杠杆率。

1.3.2　资本监管理论相关文献

（一）银行监管的主要理论

传统的公共利益监管理论认为监管服务于社会的公共利益，监管者通过防止垄断、外部性、不完全信息等市场失灵达到保护社会公众利益的目的。市场失灵的存在是市场不可避免的，其损害了社会整体利益，金融监管的目的在于解决市场失灵。Kareken 和 Wallace（1978）指出，银行的破产牵涉到其他利益相关人，其破产带来的社会成本会远高于银行自身成本。Goodhart 等（1998）指出政府干预金融部门的三个理由：一是信息不对称。客户没有金融机构了解其经营状况，金融监管的目的就是保护信息不对称下客户的利益。二是外部性。金融机构的破产会影响到金融体系的稳定性，系统性的监管能够促进金融稳定并遏制系统性市场失灵。三是市场力量的原因。金融机构或者金融基础设施，如清算系统等可能会导致金融机构滥用市场地位。但也有学者认为金融监管是政府或者利益相关者攫取租金和利益的需要（Stigler，1971；Stockman，1991），即所谓的监管俘房论、利益集团论。金融脆弱性理论认为银行由于具有高杠杆、期限错配等特点，可能发生的银行挤兑导致银行具有内在不稳定性。基于内在不稳定性，需要对银行进行监管。金融约束论强调政府的金融政策在金融部门创造租金，为银行创造了特许权价值。银行为了维护特许权价值，有动力倾向于采取更加审慎的经营策略。

（二）资本监管与银行风险承担

资本监管对银行持有的资本设定了最低要求，客观上在银行经营函数中加入了资本监管因素，从而影响到银行资本的调整，因此必然对银行风险资产产生影响，进一步影响到银行的风险承担水平。监管部门设立监管资本的目的在于通过资本监管维护银行在损失中能够有足够的资本吸收，并限制银行风险承担。银行能够运用的资金主要通过股权所得到的自有资金以及银行通过负债筹集的借款。由于债权人的收益固定，且具有限制的还款期限，故当银行不能及时偿还债务时，就有可能导致银行发生危机，甚至破产。因此，银行自有资本越高，银行的稳健性越高。特别是在存款保险的条件下，银行股东只承担部分损失，银行有过度负债和过度风险承担的激励。因此，监管当局对银行资本作出硬性规定，迫使银行股东承担更多损失，能够抑制银行的道德风险，降低其破产概率。Hellman 等（2000）利用静态模型发现，银行特许权价值对存款保险带来的风险激励具有抑制作用，储蓄率监管能够提高银行投资安全项目的激励，保障银行业稳定。J. P. Harding 等（2013）建立了一个模型，研究发现银行倾向于持有过度的资本来保护它们的特许权价值。有学者如 Furlong F T、Keeley M C（1989）认为银行资本水平提高促使银行以自有资本承担风险，因此银行经营行为更为谨慎。Santos（1999）认为在信息不对称的条件下，提高资本能够降低银行风险。王胜邦（2008）认为，资本约束能够促使银行以更多的自身资本承担损失，提高银行的风险意识。刘斌（2006）运用我国 14 家银行（4 家国有银行和 10 家全国性股份制商业银行）1998—2005 年的数据实证发现，最低资本要求对信贷扩张有明显的约束效应。金鹏辉等（2014）认为资本监管政策能够有效降低银行风险承担，而银行的资本水平过高会刺激银行风险承担。另一种观点认为，资本监管导致银行成本增加，为了弥补损失，银行会承担更高风险，资本要求会增长风险承担行为（如 M. Koehn，A. M. Santomero，1980；D. Kim，A. M. Santomero，1988；D. Besanko，G. Kanatas，1996；J. Blum，1999）。Kahane Y.（1977）和 Kim D、Santomero A M（1988）采用资产组合模型认为，资本降低了银行预期收入，银行会通过增加高风险资产以弥补损失，因此提高资本监管水平会导致银行风险增加。Shrieves R 和 Dahl D（1992）引入了银行资本和银行风险调整模型，考察银行资本和风险的关系。他们发现银行资本调整与风险变化呈正向关系，资本充足监管增加了银行的风险行为。朱建武（2006）实证发现，我国 1999—2004 年中小商业银行的资本监管压力对资本充足率调整产生了负面作用。吴栋和周建平（2006）利用 1998—2004 年我国 14 家商业银行数据实证发现资本监管对银行资本提高没有显著影响。

（三） 资本缓冲与商业银行经营

随着对资本监管研究的深入，许多学者开始研究资本缓冲对商业银行经营的影响。Nada Mora 和 Andrew Logan （2010） 利用英国银行业数据，通过 PVAR 模型发现资本缓冲的正向冲击会导致信贷增长下降；通过回归分析发现随着资本缓冲增速的提高，商业银行的信贷增速会下降。Benjamin M. Tabak 等 （2011） 利用巴西银行业数据，发现资本缓冲的增速与信贷增速存在负相关的关系。Furfine （2000） 认为美国最低资本监管会引起信贷紧缩。Choi G. （2000） 认为国际金融危机后，韩国实行的资本监管促使银行信贷规模下降。Chiuri、Ferri 和 Majnoni （2000） 也认为资本监管会显著地对银行信贷规模造成紧缩。而 Jérôme Coffinet 等 （2012） 发现资本缓冲和信贷增长存在相互强化的机制，资本缓冲越大，其信贷增速将显著降低。国内方面，刘斌 （2005） 认为资本充足率较高的银行受到的资本约束较少，不同资本水平的商业银行表现出不同的借贷行为。黄宪和熊启跃 （2013） 通过我国银行业数据主要研究了资本缓冲与信贷行为，并认为实施逆周期资本缓冲调节能够有效抑制银行贷款总量和存款利率溢价在经济周期上行期间的扩大和上升的效应，但文中并没有考虑逆周期资本缓冲与资本缓冲差异。陈伟平等 （2015） 利用我国 12 家上市银行研究了资本缓冲对商业银行资产配置和资本结构调整行为的影响。但资本缓冲和逆周期资本缓冲实施并不能完全等同，宏观审慎部门所实施逆周期资本缓冲的实施效果不能简单等同于资本缓冲对于商业银行经营所产生的影响。

1.3.3　基于宏观审慎资本监管相关文献

邹传伟 （2012） 对宏观审慎管理的基础理论进行了研究，采用模型证明了针对系统重要性金融机构的附加资本要求以及巴塞尔协议 Ⅲ 逆周期资本缓冲的经济学合理性。高国华 （2013） 在测度系统重要性和宏观系统性风险指标的基础上，讨论了我国系统性资本附加和逆周期资本工具的设计和运用。CGFS （2012） 分析了提高宏观审慎资本要求的传导机制。他们认为提高资本或者准备要求、增强银行系统弹性是资本类工具的主要目标。资本附加意味着银行抵抗冲击能力提高，因此降低了信贷供给和其他金融中介服务中断的可能性。此外，他们认为资本附加也能起到政策信号的作用。

在时间维度方面，FSB （2009） 认为顺周期监管是对金融危机反思的重要组成部分。他们认为防范顺周期的主要策略是： （1） 在巴塞尔协议 Ⅲ 框架中增加风险覆盖；（2） 在跨期、质量、一致性和透明度方面增强资本监管基础；（3） 抑制资本监管要求的顺周期性，推进银行在经济向好时期增加资本缓冲；

（4）在银行体系中增加简单、无风险加权基础的杠杆率监管。李文泓（2009）认为监管当局在实行逆周期政策时，将面临一系列的困难和挑战，如宏观审慎部门需要根据自身认知准确地对系统性风险进行判断；逆周期监管工具操作机制如何设定；可能影响跨境银行的公平竞争；逆周期政策需要协调合作。刘志洋（2013）利用模型研究了逆周期调控对银行风险资产配置的影响，监管当局可以根据经济状况通过提高风险权重的方式进行逆周期调节。邹传伟（2013）认为逆周期资本缓冲对不同驱动因素所导致的信贷顺周期的效果是存在差异的，应对价格驱动信贷顺周期性效果并不明显。针对资本缓冲周期性研究方面，Ayuso 等（2004）、Coffinet 等（2011）等文献发现银行资本缓冲和经济周期存在负向变动关系。但 Fonseca 和 Gonzalez（2010）、柯孔林等（2012）、蒋海等（2012）、党宇峰等（2012）发现资本缓冲具有逆周期性。在时间维度研究方面，逆周期资本缓冲计提机制方面集中了大量的文献。李文泓和罗猛（2011）通过实证认为在我国信贷余额/GDP 指标是用于判断信贷增长过快、系统性风险累积的一个较好的指标。杨柳等（2012）利用我国 1993 年到 2011 年的季度经济金融数据，用信贷/GDP 缺口指标对我国金融数据进行实证研究，认为这一指标能较为准确地判断信贷增长过快、系统性累积问题，还发现在我国已出现信贷过度扩张，其中外币信贷过快尤为突出。田宝和周荣（2010）等其他学者也认为信贷/GDP 指标能够反映银行业系统风险的累积程度和经济的周期性波动，是一个较好的计提指标。而聂召（2013）认为信贷/GDP 在我国并不太适合作为逆周期资本缓冲比率计提的触发变量，他认为采用信贷/M_2 缺口的季度数据更好。李育峰（2015）认为信贷/GDP 指标在逆周期资本缓冲释放过程中失效。陈忠阳和刘志洋（2014）、胡建华（2013）等学者则认为信贷/GDP 指标并不完全适合我国的实际情况。

在截面维度方面，李文泓和吴祖鸿（2011）介绍了系统重要性金融机构的定义、监管目标和政策框架等。徐超（2013）对系统重要性金融机构危机监管制度路径进行了梳理，并阐述了"大而不能倒"危机管理。张宝（2012）介绍了系统重要性资本附加，并提出了 1% 系统重要性资本附加是否能够对冲系统性风险的问题。廖岷等（2014）对宏观审慎政策传导机制进行了简单介绍。在资本附加计提方面，Jorge A. Chan-Lau（2010）认为金融系统之间的关联性是系统性风险的主要来源，应根据金融机构之间的相互关联增加资本监管。这种资本附加根据机构对系统性风险的贡献征收，这样征收资本附加会将由于"太关联而不能倒"的负外部性内部化，并提供激励机制加强机构的偿债能力。Céline Gauthier 等（2012）考察了宏观审慎资本要求，即要求每家银行持有与其对整个风险贡献相对应的资本。这些资本要求迫使银行负的外部性内部化。宏观审慎资本要求不同于从风险管理或者配置角度看到的资本要求。他们发现样本银行中宏观审慎资本要求能够减少银行风险及其对银行系统的风险。Nikola Tarashev 等（2010）利用 Shapley 值方法对机构的风险贡献进行衡量，并利用该方法对宏观审慎资本规则进行了校准。他们发现规模、违约概率和风险暴露能够显著提高银行的系统重要性。贾彦东（2011）利用银行间支付结算数据，运用 Shapley 值分析和评价金融机构系统重要性。潘凌遥等（2015）运用 Copula – CoVaR 模型测算商业银行对银行体系的风险溢出效应，考虑到额外资本对溢出风险的吸收作用，确定对应的系统重要性银行附加资本的计提比例。何德旭和钟震（2013）建议，在防范系统重要性机构风险过程中，不仅仅需要防止机构过大，也要防止其过于复杂和关联度过高所带来的风险。梁琪和李政（2014）认为宏观审慎监管工具最终需要对机构实施影响，因此宏观审慎部门对机构的监管，不仅需要准确测度机构对系统性风险的贡献，还需要进一步分析其原因。他们根据"风险系数"校准了系统重要性资本附加。在系统重要性机构评估方面，陆虹（2014）基于指标法测算了我国13 家银行的系统重要性。周强和杨柳勇（2014）利用指标法和市场法对我国14 家银行进行了系统性识别，他们认为采用市场法不会优于指标法。肖振宇（2011）借鉴宏观审慎监管工作组（MPG）的评估方法，选取反映银行规模、关联度和可替代性三方面的指标对中国的系统重要性银行进行了界定，并提出从强化资本监管、增强其抗风险能力、适度引入应急和自救机制三个方面加强对中国系统重要性银行的监管和风险防范。在资本附加效果检验方面，Sebastian C. Moenninghoff 等（2015）利用事件研究法检验了新的全球系统重要性银行监管规则对银行股票市场收益的影响及非预期效应。他们发现新的监管规则对银行市场价值有负面影响，但银行被正式指定为全球系统重要性银行本身具有一定积极影响。他们认为新规定各个组成部分是有效的，但有可能与监管者意图遏制系统重要性银行的影响背道而驰。Schäfer A. 等（2015）发现瑞士对"大而不能倒"银行的资本监管显著增加了系统重要性银行的 CDS 的利差。王珏（2014）分析了我国系统重要性银行监管的有效性，但其在检验模型中，银行风险的替代指标采用的是银行自身信用风险和自身流动性风险，并没有更深入考虑到系统重要性银行对整个系统的风险贡献程度。

1.3.4　对相关文献的评述

从上述文献来看，许多学者对宏观审慎管理工具和资本监管各个方面进行了深入的研究，但对于宏观审慎资本监管的研究还不够全面和细致。CGFS（2012）虽然阐述了资本类宏观审慎资本监管的传导过程，但其研究仍然偏向于对宏观审慎管理工具传导过程中可能发生的市场和银行行为进行概括，未能对银行宏观审慎资本监管运行条件、政策效果以及可能产生的非预期效应进行更为深入的分析。从监管视角来看，许多文献对宏观审慎管理政策和工具、制度供给的必要性进行了分析。从实施效果来看，已有文献主要研究的是宏观审慎管理制度和外部环境对宏观审慎管理效果的影响。从时间维度来看，讨论银行周期性和逆周期资本缓冲计提机制、检验限制借款人的宏观审慎工具（如 LTV、DTI、信贷规模限制、外汇借款限制）等宏观审慎工具有效性的文献较多，但对银行资本缓冲周期性内在形成机制、逆周期资本缓冲工具实施的有效性分析和检验文献较少。从截面维度来看，我国文献主要集中在对系统重要性机构以及系统重要性资本附加概念介绍，结合我国实际情况对宏观审慎资本监管非预期效应分析不多。在实证方面，虽然 Sebastian C. Moenninghoff 等（2015）检验了危机后新的监管规则对全球系统重要性银行股票市场收益的影响及其产生的非预期效应。但我国的实证文献主要是对银行的系统重要性进行测度以及探讨资本附加如何匹配系统重要性，对系统重要性资本附加运行机制、非预期效应和实践效果的研究并不多见。

1.4　逻辑思路、技术路线与研究内容

1.4.1　逻辑思路

经历了国际金融危机后，人们对金融监管有了新的思考。基于防范系统性金融风险，运用宏观审慎管理防范系统性风险成为社会共识。宏观审慎管理工具种类非常多，C. Lim 等（2011）把宏观审慎管理工具分为信贷相关类、流动性相关类和资本相关类。从巴塞尔协议Ⅲ和各国的实践来看，基于资本相关类的宏观审慎工具依然占据重要地位。本书分别针对时间维度和截面维度的宏观审慎资本监管，围绕宏观审慎资本监管工具的作用机制和效果进行研究分析检验。本书首先对巴塞尔协议及演进、资本监管理论和发展进行阐述，并梳理了资本监管在我国防范银行系统性风险的实践。在此基础上，本书从时间和截面两个维度研究宏观审慎资本监管在防范我国银行系统性风险的作用机制，并进行实证检验。在时间维度，由于判别影响银行资本缓冲周期性的内在形成机制

是逆周期监管有效实施的前提，因此本书考察了银行顺周期性和我国银行资本缓冲的周期性，并进一步实证分析我国不同类型银行资本缓冲周期性的内在形成机制。针对逆周期资本缓冲工具，阐述了逆周期资本缓冲作用机制，探讨了逆周期资本缓冲与资本缓冲的区别和联系。基于我国尚未实施逆周期资本缓冲，本书运用监管压力指标作为逆周期资本缓冲实施的替代指标对我国逆周期资本缓冲实施进行实证检验。在截面维度，本书结合我国银行业实际情况，研究分析了系统重要性资本附加的作用机制和非预期效应。在此基础上，对宏观审慎资本监管实践效果进行检验。最后提出我国宏观审慎资本监管在防范我国银行业系统性风险的政策建议。

1.4.2　技术路线

本书的技术路线如图 1 - 1 所示。

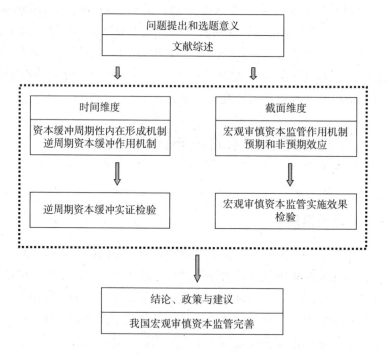

图 1 - 1　本书的技术路线

1.4.3　研究内容

在研究内容方面，本书将重点集中在宏观审慎资本监管，研究宏观审慎资本监管的作用对象和条件、传导渠道、作用目标、预期和非预期效应，并在此基础上从银行稳健性、信贷增长、系统性风险承担、系统重要性维度权衡等几个角度检验宏观审慎资本监管实施的政策效果，弥补我国文献在宏观审慎资本监管研究方面的不足。在时间维度，为了考察我国逆周期资本监管的实施条件，本书探讨了银行顺周期性并通过实证厘清我国不同类型银行资本缓冲周期性内在形成机制的差异性。在此基础上，讨论资本缓冲与逆周期资本缓冲工具的区别，并利用监管压力指标对逆周期资产缓冲实施进行实证检验。在截面维度方面，本书详细分析了系统重要性机构的风险特征，并对其系统重要性进行评估。在此基础上，对系统重要性资本附加的作用机制、预期效果和非预期效应及其对银行产生的各种影响进行深入分析和实践效果检验。具体章节内容安排如下：

第 1 章是绪论。本章阐述了本书的研究背景和选题意义，界定了本书的核心概念，梳理了相关文献并进行了评述，介绍了本书的逻辑思路、技术路线，提出了本书可能的创新和不足。

第 2 章是巴塞尔协议与银行资本监管的发展。本章介绍了巴塞尔协议并对基于防范系统性风险的宏观审慎资本监管工具进行详细说明，并对国内外宏观审慎资本监管的实践进行了总结。

第 3 章是我国银行资本缓冲周期性及其内在形成机制检验。本章首先分析了银行顺周期性因素，实证检验了我国银行资本缓冲周期性，并对不同类型银行进行了分组检验。逆周期资本缓冲对不同驱动因素所导致顺周期效果是存在差异的。因此，从逆周期监管视角而言，判别影响银行资本缓冲周期性的内在形成机制是逆周期监管有效实施的前提。逆周期资本缓冲针对的是资本缓冲周期性中由于资本监管所导致的顺周期性；资本留存作用机制在于通过限制银行利润分配提高银行资本缓冲，故其针对的是繁荣时期资本消耗增大与资本补充不足所导致的资本缓冲顺周期性。为了考察我国逆周期资本缓冲的实施条件，本章对我国不同类型银行资本缓冲周期性的内在形成机制进行了实证研究。从以往国内文献来看，在样本选择上，往往采用上市银行数据，样本较少，故本章选取了 104 家银行的数据，并进行了分组检验。在检验模型上，本章没有按照以往文献分别从资本缓冲的"分子"和"分母"两个驱动因素分别运用计量模型进行检验，而是利用交互项考察银行资本缓冲周期性的内在形成机制。

第 4 章是逆周期资本缓冲作用机制与实证检验。本章讨论了逆周期资本缓冲与一般资本缓冲的区别和联系，对逆周期资本缓冲作用机制和实施目标进行研究。由于逆周期资本缓冲在我国还未正式实施，基于逆周期资本缓冲实施必然导致银行监管压力变动的事实，本章利用监管压力指标，实证研究逆周期资本缓冲实施对银行资本缓冲和信贷增长的影响。

第 5 章是系统重要性银行与系统重要性资本附加作用机制。本章分析了系统重要性银行的风险特征，并采用指标法和市场法对我国银行的系统重要性进行了评估。本章系统地分析系统重要性资本附加防范系统性风险的作用渠道和机理，并结合我国银行业实际情况，对系统重要性银行可能产生的非预期效应进行了详细的讨论。

第 6 章是基于截面维度的宏观审慎资本监管实施效果检验。本章是在第 5 章对银行系统重要性评估、系统重要性资本附加作用机制分析的基础上，实证检验系统重要性资本附加实践效果。具体而言，主要从系统重要性资本附加对银行稳健性、抑制系统性风险承担、削弱银行不公平竞争、系统重要性各个维度之间权衡等视角实证研究和检验宏观审慎资本监管的实践效果。在实证模型中，本章考虑到系统重要性资本附加的实施具有政府信用保证的性质，因而会部分替代银行资本充足率的作用并导致资本充足率对银行影响发生改变的情况，因此采用了系统重要性资本附加指标与银行资本充足率的交互项进行实证检验和分析。

第 7 章是主要结论和政策建议。本章对全书的研究内容和主要结论进行概括，并根据分析和实证检验结果提出政策建议。

1.5   研究方法

本书运用了多种方法进行研究分析。

一是规范分析法。对于资本缓冲周期性、逆周期资本缓冲和系统重要性资本附加运行机制和非预期效应，本书结合已有文献，采用规范分析的方法对相关内容进行分析。

二是理论模型分析法。本书采用两期静态模型分析银行道德风险，并利用此模型说明系统重要性资本附加实施导致政府模糊性救助消失所带来的道德风险问题；采用 Hellman 等（2000）模型论述了宏观审慎资本监管的激励作用。

三是数量分析方法。本书在研究基于市场法估计我国商业银行系统重要性过程中，采用了 DCC - GARCH 模型估计了上市银行收益率的时间序列数据，并采用分位数回归对银行系统重要性进行了估计。

四是实证分析方法。本书根据我国 104 家商业银行的面板数据，基于动态面板模型实证研究了我国银行资本缓冲的周期性及其内在形成机制等问题。在其他的计量模型检验中，本书运用了固定效应的面板模型进行实证分析。

五是对比分析法。在实证检验方面，本书对样本银行进行了分组检验，考察不同类型银行的表现是否存在显著的差异性。对巴塞尔协议发展、资本监管实践以及我国系统重要性银行与其他银行也进行了对比分析。

六是个案分析方法。在影子银行削弱资本监管有效性的研究上，本书运用了传统的货币金融学理论，并采用同业业务的例子具体分析了其如何规避资本监管。

1.6 可能的创新和不足之处

1.6.1 可能的创新之处

宏观审慎监管在危机后得到了迅速的发展，但宏观审慎监管的实践时间并不长，还有许多问题有待进一步解决。从目前来看，专门分析宏观审慎资本监管作用机制和实践效果的文献并不多。本书可能的创新之处在于：

一是实证分析了不同类型银行资本缓冲周期性的内在形成机制。逆周期资本缓冲对不同驱动因素所导致顺周期的效果是存在差异的，因而判别影响银行资本缓冲周期性的内在形成机制是逆周期监管有效实施的前提。本书发现我国不同类型银行资本缓冲周期性内在形成机制存在差异。我国大型银行和股份制银行的资本监管在经济繁荣时期约束力下降，而城市商业银行和农村商业银行在繁荣时期更多地表现出自身风险承担冲动增加。这表明逆周期资本缓冲的实施对于大型和股份制银行十分必要，而城市商业银行和农村商业银行实施逆周期资本缓冲没有大型银行和股份制银行迫切。此外，本书检验发现我国银行在经济繁荣时期，利润补充对资本缓冲的提高效应无法弥补繁荣时期贷款增长所带来的资本缓冲下行压力。这表明在繁荣时期应进一步限制银行自主分配利润和股利支付，提高利润补充资本的能力。

二是分析了逆周期资本缓冲的作用机制，利用监管压力指标作为实施逆周期资本缓冲的替代指标，检验逆周期资本缓冲实施对银行资本缓冲变动和信贷的影响。由于我国逆周期资本缓冲具体实施框架和细节并未出台，研究逆周期资本缓冲主要集中在逆周期资本缓冲机制设计上，本书利用监管压力指标发现逆周期资本缓冲的实施能够提高银行稳健性，但并不能显著对信贷增长率产生影响；不同监管压力对银行资本缓冲变动影响存在差异。监管部门在实施逆周期资本缓冲过程中需要考虑不同周期和逆周期资本缓冲制度所带来的监管压力变化对实施有效性的影响。

三是检验了系统重要性资本附加的非预期效应。国内关于系统重要性资本附加的机制以及效果检验的讨论较少，本书分析了系统重要性资本附加防范系统性风险的机制以及可能产生的非预期效应，并利用我国银行数据对系统重要性资本附加进行了效果检验。在模型设定方面：（1）不同于以往资本监管与风险承担方面的文献中采用不良贷款率等反映银行自身风险的指标作为其风险承担的指标，本书采用了杠杆率、MES 和 CoVaR 方法所估计的系统重要性、同业业务等指标作为银行系统性风险承担的衡量指标。（2）本书在模型中加入了宏观审慎资本监管与资本充足率的交互项，检验了它们之间相互削弱的效应。资本充足率在市场中具有维持银行信心、降低信息不对称的作用。资本充足率也是衡量银行对于自身风险态度的指标之一。系统重要性资本附加的实施对银行而言，同样也意味政府对银行的更高级别的担保，从而可能加剧道德风险。因此，本书在模型中考虑了系统重要性资本附加的实施可能会部分替代银行资本充足率的作用并导致资本充足率对银行的影响由于系统重要性资本附加实施而发生改变的情况。

四是提出了银行系统重要性维度之间的权衡问题。银行系统重要性评估的维度主要包括规模、可替代性、关联度和复杂性等四个维度，并且四个维度设置为等额权重。在宏观审慎资本监管效果检验分析中，基于我国对大型银行实施 1% 的系统重要性资本附加，本书提出了银行系统重要性维度权衡的问题，并通过模型进行了实证研究，得出了有意义的结论。

1.6.2　可能存在的不足

由于我国实施宏观审慎资本监管的时间并不长，在数据选取上，本书的样本区间为 2003—2014 年，时间跨度可能还不足够长。资本留存和系统重要性资本缓冲的实施时间较短，数据的局限性可能在一定程度上造成实证估计的偏差。在研究内容上，本书没有涵盖宏观审慎资本监管的其他重要工具，如杠杆率、或有资本以及基于系统流动性资本附加等内容。在研究深度上，本书还未涉及研究宏观审慎资本监管与我国拨备、流动性的关系，以及实施宏观审慎监管对我国利率、信贷成本等方面的影响。

2. 巴塞尔协议与银行资本监管的发展

2.1 资本监管发展和实践

2.1.1 巴塞尔协议 I 和巴塞尔协议 II

20世纪70年代后，国际上部分银行已经出现了脱媒现象，银行变得越来越脆弱，银行大量倒闭引起了国际社会对银行监管的关注。1974年，十国集团的中央银行行长成立了主要负责银行监管的巴塞尔委员会。1988年，巴塞尔委员会基于提高银行稳健性以及保持国际银行间的公平性，提出8%的资本充足率监管要求。此时，巴塞尔协议规定监管资本可由核心资本、附属资本和三级资本构成。此后在1991年将贷款损失准备纳入附属资本，并针对经合组织（OECD）所有成员给予同样风险权重。由于最初协议只考虑了信用风险，巴塞尔委员会在1996年又出台了市场风险资本监管补充规定。但金融机构的创新，削弱了资本监管的有效性。银行利用资本监管的规定进行套利。十年后的1998年，巴塞尔委员会开始修改1988年资本协议，到2004年公布了新的资本协议，确立了以最低资本要求、监管当局监督检查和市场约束为三大支柱的监管框架。2004年版的巴塞尔资本协议改动主要有几点：一是扩大了风险覆盖范围，增加了操作风险计提资本要求。在第二支柱下，对贷款集中度、流动性风险等提出额外的资本要求。二是在计算方法上，提出了标准法和内部评级法。

2.1.2 危机后的资本监管与巴塞尔协议 III

从2008年国际金融危机来看，一些欧美商业银行虽然满足了资本监管的要求，甚至远高于8%的监管要求，但依然没有逃脱危机所带来的冲击。这表明巴塞尔协议 II 没有起到防范危机发生的作用，未发挥应有的效力。在危机爆发之前，欧美银行真正具有损失吸收能力的核心一级资本占资产比例不足 2%（王兆星，2013）。资本协议的监管不仅没有吸收危机的损失，也没有反映出银行所带来的巨大外部效应，如去杠杆化导致经济进一步萎缩，集体抛售资产导致资产价格急剧下降等。巴塞尔协议 II 暴露出一些漏洞：一是风险覆盖范围还不足以反映银行所面临的各种风险，如流动性风险、共同风险暴露的系统性风险、衍生品以及其他场外交易业务对手信用风险等；二是资本工具吸收损失能力没有预期那么强；三是资本要求并未考虑到银行的杠杆率以及顺周期性。

巴塞尔协议 III 于 2010 年 9 月 12 日由巴塞尔委员会的 27 个成员达成一致，并于同年 11 月的 G20 首尔峰会最终通过。修改后的巴塞尔协议 III，是在吸收以往经验的基础上对巴塞尔协议 II 的发展和完善。巴塞尔协议 III 与之前的巴塞尔协议相比，更加体现了此次金融危机后的监管改革，其更加关注金融体系的系统性风险。2004 年的资本协议在顺周期性方面没有根本的改进。巴塞尔协议 III 在吸取国际金融危机教训的基础上，更加强调资本质量以增强资本工具吸收损失的能力，并提出动态拨备、资本留存和逆周期资本缓冲以及杠杆率指标等防范顺周期性。巴塞尔委员会将最低普通股要求从 2% 提高到 4.5%，并要求银行计提 2.5% 的资本留存来抵御未来经济下行的风险。巴塞尔委员会重新定义了一级资本和二级资本。一级资本主要形式是普通股和留存收益，并且普通股须满足一套合格标准才能计入一级资本。只有一套二级资本合格标准，其他子类别取消，简化了二级资本。巴塞尔委员会扩大了资本监管中风险覆盖范围，针对衍生品交易、资产证券化风险暴露和交易对手信用风险等，巴塞尔协议 III 也提出了资本要求。我国由于衍生品以及证券融资等交易活动较少，这部分资本要求对我国商业银行的影响比较小。针对系统重要性机构，巴塞尔委员会（BCBS，2011）在对系统重要性银行评估和监管时提出了降低全球系统重要性银行失败概率的建议，提出了系统性资本附加，并根据不同机构的系统重要性分组确认其资本附加要求。

表 2-1　　　　巴塞尔协议 III 指标实施过渡期安排和最终达标要求

年份	2011	2012	2013	2014	2015	2016	2017	2018	2019
杠杆率	监督监测							正式纳入第一支柱	
最低普通股权益资本			3.5%	4.0%	4.5%	4.5%	4.5%	4.5%	4.5%
一级资本最低要求			4.5%	5.5%	6.0%	6.0%	6.0%	6.0%	6.0%
总资本最低要求			8.0%	8.0%	8.0%	8.0%	8.0%	8.0%	8.0%
资本留存						0.625%	1.25%	1.875%	2.5%

资料来源：德勤中国金融服务业卓越中心（2011）。

从巴塞尔协议Ⅲ也可以看出，资本监管存在两个方面的监管：一是结构上的监管，或者说是对资本质量的监管；二是数量上的监管，即持有最低资本的监管。巴塞尔协议Ⅲ依然是以资本监管为核心，并进一步强化了资本监管，增加了杠杆率与流动性监管补充资本监管。从宏观审慎角度来看，巴塞尔协议Ⅲ主要是加强了系统性风险和顺周期性的防范，提出了超额资本、应急资本降低系统性风险。在未来的金融监管中，资本监管依然在银行吸收非预期损失方面发挥着核心作用。此次新修订的巴塞尔协议Ⅲ，从短期看，由于我国没有复杂的资本工具及衍生工具，资本监管对我国银行业资本充足率的负面冲击并不算大。王兆星（2013）认为，我国银行的核心一级资本充足率或者总资本充足率的下降幅度均不到1%，并且主要是新增操作风险资本要求所导致。

表 2 – 2　　巴塞尔协议Ⅲ新的全球最低资本要求标准的具体比例

资本层次	普通股（扣减调整项目后）	一级资本	总资本
最低资本要求	4.5%	6.0%	8.0%
资本留存	2.5%		
最低资本要求 + 资本留存	7.0%	8.5%	10.5%
逆周期资本缓冲	0 ~ 2.5%		

资料来源：德勤中国金融服务业卓越中心（2011）。

2017 年 12 月 7 日，巴塞尔委员会发布公报表示，旨在加强银行业监管的巴塞尔协议Ⅲ已完成修订，将从 2022 年 1 月 1 日起逐步实施。2017 年版巴塞尔协议Ⅲ提高了内部模型法和标准法的可比性，减少了高级内评法的适用范围，简化了操作风险计量方法，对全球系统重要性银行提出了更高的杠杆率监管要求。

2.2　基于防范系统性风险的宏观审慎资本监管工具

关于资本监管的传统理由是认为其可以解决存款保险带来的道德风险。同时，资本可以吸收损失，促使银行更有弹性，减少风险传染。在防范银行业系统性风险中，资本监管工具仍然是宏观审慎管理工具中最为重要的工具之一。2010 年，巴塞尔委员会发布的《各国监管当局实施逆周期资本缓冲指引》中提到，银行在信贷增长的同时，系统性风险也在累积，应采取逆周期的资本监管；如果特定行业的信贷增长过度，但此时的信贷总量增幅不大或者系统性风

险未快速累积，则可以采用贷款成数以及特定行业的贷款提高资本要求等宏观
审慎监管工具（BCBS，2010a）。关于资本监管工具，主要包括逆周期资本缓
冲框架中的资本留存、逆周期资本缓冲。银行体系的系统性风险可能是由于宏
观经济波动而引发的，也有可能是由于传染所导致的。防范系统性风险的主要
工作是寻找系统性风险产生的机制，从运行机制入手，防范系统性风险。宏观
审慎资本监管防范系统性风险的机制就在于在截面维度主要是通过系统重要性
资本附加提高系统重要性机构稳定性，时间维度则是抑制资本监管的顺周
期性。

2.2.1 资本留存

资本留存是要求银行持有超过最低资本充足率的超额资本，由核心一级资
本构成。资本留存保证银行在压力时期损失增加情况下避免违反最低资本要
求，资本留存可提高银行在经济下行时期的恢复能力。从监管措施来看，相对
于最低资本充足率要求的监管措施和强度而言，如果银行未能达到资本留存要
求，监管部门主要措施为限制银行利润分配，并要求银行通过利润增加资本。
资本留存作为逆周期框架的一部分，作用机制在于在最低资本充足率要求之
上，要求银行充分利用其利润进一步补充资本。特别是在危机期间，市场失灵
可能导致银行分红和发放奖金以及回购股份存在"囚徒困境"，导致银行难以
利用利润补充资本。从资本留存目的来看，其更多在于消除市场失灵带来的扭
曲。巴塞尔协议Ⅲ提出的 2.5% 资本留存缓冲，主要是确保银行机构在正常时
期积累资本缓冲，作为压力时期的补充。BCBS（2010b，2010c）指出当政府
对危机银行进行注资寄希望于其恢复贷款供给、对经济提供支持时，一些银行
却在得到支持、满足最低资本要求后对股东和管理层继续发放高额股息和薪酬
分配。而这是由于集体行为所导致的市场失灵。因为如果减少此类分配，则会
被市场认为银行出了问题。在巴塞尔第一支柱下设定资本留存缓冲，监管部门
可以限制银行发放红利和高额薪酬。陈颖等（2011）认为其实质是为了缓解
银行的道德风险。由于"大而不能倒"，银行存在着较为强烈的道德风险，从
而促使银行过度承担风险，追求利润。

表 2-3   银行最低资本留存标准

资本缓冲/资本留存区间	最低资本留存比例（盈余分配比例）
<25%	100%
25% ~ 50%	80%

资本缓冲/资本留存区间	最低资本留存比例（盈余分配比例）
50% ~ 75%	60%
75% ~ 100%	40%
> 100%	0

资料来源：BCBS，2010c. Countercyclical Capital Buffer Proposal，Issued for Comment by 10 September。

根据我国《商业银行资本管理办法（试行）》的规定，对第三类商业银行即商业银行没有满足资本留存要求、附加资本要求和第二支柱资本要求，监管部门主要采取的措施是限制分红和股权投资、控制银行风险资产增长等。

2.2.2　逆周期资本缓冲

BCBS（2010c）指出银行信贷过快增长后的下滑会给银行体系带来巨大的损失，从而造成银行体系的混乱。而这又会加速经济的下行，并进一步对银行造成冲击。在这种机制下，更突出了银行在信贷过快增长时期提高资本的重要性。引入逆周期资本要求是宏观审慎管理框架中一项核心内容。BCBS（2010a）建议采用信贷和GDP比值与其长期趋势差值（GAP）作为计提逆周期资本缓冲的指标。具体而言，逆周期资本缓冲计提额度实际为一分段函数，在GAP小于2%的情况下，不需要计提逆周期资本缓冲；当GAP处于2% ~ 10%时，计提额度按照GAP提高1%，计提额度上升0.3125；当GAP超过了10%时，则按照2.5%计提逆周期资本缓冲。巴塞尔委员会认为逆周期资本缓冲的计提应该有一定灵活性，其目标应着眼于保护银行业，而不是调控经济或者资产价格。从逆周期资本操作来看，逆周期资本缓冲的计提和释放存在非常大的难度，需要监管部门准确判断。

$$CCB_{i,t} = \begin{cases} 0 & GAP_t < 2\% \\ 0.3125(GAP_t - 2\%) & 2\% \leqslant GAP_t < 10\% \\ 2.5\% & GAP_t \geqslant 10\% \end{cases}$$

BCBS（2010c）表示，逆周期资本缓冲是在资本留存之上增加的资本缓冲，其有效延伸了资本留存限制利润分配的作用区间。假设银行核心一级资本充足率为4%，而资本留存设定为2%，此时资本留存作用区间为4% ~ 6%。在拥有6.5%的核心一级资本充足率情况下，银行不在资本留存作用区间内，不会受到盈余分配限制。如果此时监管部门增加逆周期资本缓冲2%，这导致资本留存作用区间变为4% ~ 8%。此时银行6.5%的核心一级资本充足率则会受到监管部门盈余分配限制。

2.2.3　杠杆率监管

杠杆率为银行一级资本与表内资产、表外风险敞口和衍生品总风险暴露的比值。实施杠杆率监管的目的在于抑制机构过度高杠杆。杠杆率监管是资本充足率监管的补充工具。巴塞尔协议 III 对杠杆率的监管标准为 3%，并设定了较长的过渡期。2011 年，银监会发布了《商业银行杠杆率管理办法》，规定商业银行并表和未并表的杠杆率均不能低于 4%。监管部门认为我国大部分银行能够满足 4% 的监管要求，如果杠杆率设置过低，不能够起到有效约束的作用。

杠杆率有其优点和缺陷。相比资产充足率，杠杆率在银行监管中的运用要更早一些。在 1988 年巴塞尔协议后，资本充足率由于具备更多风险信息，能够更加全面地反映资产的状况，避免由于资产风险差异对商业银行产生的反向激励，资本充足率取代了杠杆率成为银行监管的主要工具。但杠杆率的优点也非常明显，由于其不具备敏感性，直接规定了银行股东应承担的风险，所以有利于降低道德风险。长期以来，美国监管当局的杠杆率指标由于不适用投资银行等非银行金融机构，对这类非银行机构的高杠杆没有起到约束作用，而金融机构的高杠杆蕴含着巨大的风险，在 2008 年国际金融危机中进一步加剧了危机的扩大。与之相反，加拿大监管当局在 20 世纪 80 年代就设定了杠杆率上限，建立了较为完善的杠杆率监管体系，有效抑制了危机在加拿大金融体系的传染。Patrick Slovik（2011）认为风险加权资产更为严格的资本要求的目的在于提升银行体系吸收损失的能力，同样也会增加银行绕过监管框架的激励。杠杆率监管能够促使银行的经营活动与它们的经济功能和最大化资本分配相匹配。

2.2.4　或有资本

或有资本实质上一种债权，其能够促使银行在受到冲击情况下自动转化为资本，而不需要使用额外资金就能够迅速提升其损失吸收能力。或有资本已经被巴塞尔委员会认为是补充资本的重要渠道。或有资本使得这类投资者在机构发生危机后，成为风险的共担者，在一定程度上也加强了机构的外部约束。国际上，如英国劳埃德集团（Lloyds Banking Group）、荷兰拉博银行（Rabobank）以及瑞士信贷（Credit Suisse）均发行了或有资本作为资本补充工具。但其也存在着操作上的困难，如触发条件如何设定的问题。Dirk Schoenmaker（2015）认为在危机前，次级债被广泛地推行是因为其具有纪律功能。当银行有高风险，那就必须付高利息的次级债券。这些次级债会促使银行降低银行风险以减少利息支付。但实际运转情况并没有这么有效，或有资本可能也会出现类似的情形。Chan 和 Van Wijnbergen（2014）认为当或有资本被转换以满足资本要求情形下，会提高银行挤兑的风险，因为此时会被市场认为是银行资本质量大幅下降的信号，并可能会传染到其他持有类似资产的银行。这是信息传染的形式之一，或有资本导致微观审慎和宏观审慎目标冲突。

2.2.5　系统重要性和流动性资本附加

针对 2008 年国际金融危机中系统重要性机构对整个金融体系的冲击和放大效应，监管部门提出了系统性资本附加，即在资本充足率基础上，基于系统重要性机构对整个金融体系风险的贡献度，提出额外的资本要求。2011 年金融稳定理事会发布《金融机构有效处置机制的核心要素》的同时，发布了第一批全球系统重要性银行名单，并要求其对应增加资本要求。

Elisabetta Gualandri 等（2009）认为由于信贷风险、市场风险和流动性风险更加紧密，风险管理者及监管层应该重新思考偿债能力和流动性的关联。即使是资本充足的银行也可能遇到流动性问题，流动性要求应该被视为偿债能力的一个补充。本次危机的教训使得流动性风险再一次成为一个中心议题。一方面，健全的流动性风险管理有助于减少破产问题的可能性；另一方面，在恶劣的市场环境下，银行获得流动性的能力可能取决于它的资本充足情况。Brunnermeier 等（2009）提出两个办法控制系统流动性风险：（1）设立盯住融资（Mark – to – Funding）会计制度。即对资产的价值和管理，不是根据持有人的意图。如果采用短期借款支持持有人的长期资产，那么资产定价需采用市场价值；如果由 10 年期债券支持持有人的长期资产，则资产可根据未来十年的平均价格由第三方进行估值。（2）明确的流动性风险资本缓冲。即金融机构如果持有市场流动性低和期限错配严重的资产，则应该持有更高的资本缓冲。Diane Pierret（2015）认为在设计流动性和资本要求时不应该把它们区别对待，流动性风险的宏观审慎管理应该结合流动性资产要求和资本要求。从我国实际情况来看，监管机构已经明确建立逆周期资本缓冲机制，而系统重要性资本附加和资本留存在我国已经开始实施。这部分宏观审慎资本监管将在我国发挥非常重要的作用。针对或有资本虽然有许多讨论，但由于其具有鲜明的优缺点，实践运用得较少。流动性资本附加虽被学术界提出，但巴塞尔协议Ⅲ对于系统流动性的管理主要通过流动性覆盖率和净稳定资金比率两个指标进行监管。杠杆率监管为资本监管的补充工具。考虑到以上实际情况，本书重点考察的宏观审慎资本监管工具是逆周期资本监管、留存资本和系统重要性资本附加等。

2.3　各国宏观审慎资本监管的实践

2.3.1　其他国家（地区）宏观审慎资本监管的实践

瑞典金融管理局（Finansinspektionen）和中央银行（Riksbank）在 2011 年 11 月实施新资本监管标准。这一标准相比巴塞尔协议Ⅲ而言更为严格，过渡期更短，以促使瑞典银行业更为稳定。瑞典对其国内四家系统重要性银行①实施新资本监管。2013 年 1 月 1 日，四家银行系统重要性资本附加为 3%，2015 年 1 月则要达到 5%。因此，四家银行的核心一级资本在 2013 年至少要达到 10%，2015 年 1 月 1 日要达到 12%。美国在次贷危机后出台了《多德—弗兰克法案》，其核心理念就是改变目前超级金融机构"大而不能倒"。美国对给金融系统造成风险的企业提出更为严格的要求，逆周期资本要求仅针对采用高级内部计量法测算资本充足率的大型银行。美国针对系统重要性机构进一步提升了资本约束，主要措施包括对高风险暴露的机构实施更为严格的资本充足率监管。这些风险暴露包括：贸易头寸、股权投资、对信用较低公司和个人贷款、与资产支持证券（ABS）和住房贷款抵押证券（MBS）高度相关的业务、表外业务、场外衍生品业务等（苗永旺，2012）。美国联邦储备理事会在 2014 年 12 月要求美国银行、纽约梅隆银行、花旗银行、高盛集团、摩根大通、摩根士丹利、道富集团和富国银行等 8 家占据美国银行体系总资产共计 57% 的系统重要性银行增加 1% ~ 4.5% 的资本附加，以应对其给金融系统带来的潜在风险，并于 2016 年开始推行，到 2019 年全面实施。瑞士在 2008 年引入杠杆率指标作为资本监管的补充。瑞士联邦银行委员会要求瑞士信贷集团（Credit Suiss）和瑞银集团（UBS）两家机构在银行层面设置最低 4% 的杠杆率水平，并要求它们在 2013 年满足要求，但瑞士其他银行不受此政策影响。危机后，瑞士根据本国情况，对其系统重要性银行要求资本充足率达到 19%（毛奉君，2011）。巴塞尔协议Ⅲ的逆周期资本缓冲是针对所有的风险权重资产，但瑞士的逆周期资本缓冲仅仅针对银行风险组合的一部分。瑞士针对国内住宅抵押贷款的风险加权实施逆周期资本缓冲。2013 年 2 月 13 日，瑞士成为

---

①　这四家银行分别是瑞典商业银行（Handelsbanken）、北欧联合银行（Nordea）、北欧斯安银行（SEB）和瑞典银行（Swedbank）。

第一个实施逆周期资本缓冲的国家，其逆周期资本缓冲适用于瑞士住宅抵押贷款；2014年1月，资本要求提高到2%，并要求在2014年7月完成（Christoph Basten 和 Catherine Koch，2014）。挪威央行逆周期资本要求采用了一些先行指标进行计算，主要包括房地产价格涨幅、商用房地产贷款占比和批发性融资占比等。澳大利亚审慎监管署在2013年确认了澳新、澳联邦、澳国民、澳西太平洋等四家银行为其国内系统重要性银行，并施加了1%的资本附加，2016年开始实施。中国香港也实施巴塞尔协议Ⅲ，香港金融管理局于2015年在《监管政策手册》中发布了《逆周期缓冲资本实施方法》和《逆周期缓冲资本——私人机构信用风险承担的地理分配》。香港金融管理局还于2016年实施了资本留存。英国对系统重要性银行及零售银行业务的核心一级资本充足率提高至最低10%，国际批发/投资银行的核心一级资本充足率可维持在最低7%的标准。此外，英国参考加拿大总杠杆率设置方法，设定杠杆率上限，资产与资本乘数之比为20∶1（苗永旺，2012）。

2.3.2　我国宏观审慎资本监管的实践

（一）我国资本监管的发展历程

中国人民银行在借鉴1988年资本协议基础上，于1994年首次发布了商业银行资本充足率的计算方法和最低要求。1995年，我国颁布《商业银行法》，对商业银行资本充足率作出了不得低于8%的限制性规定。此后，中国人民银行先后两次对1994年的资本充足率计算方法进行了局部调整。我国在2003年开始进行国有银行的股份制改造，向四大国有银行注入了大量资金，并引入了战略投资者，这为我国实施资本监管打下了更为良好的基础。2003年，中国银行业监督管理委员会从人民银行分离出来，单独行使对银行业的监督管理，中国人民银行则专注于货币政策，但同时也担负着维护金融稳定的职责。《中国人民银行法》规定，人民银行的基本职责是"在国务院领导下，制定和执行货币政策，防范和化解金融风险，维护金融稳定"。2004年2月，银监会发布《商业银行资本充足率管理办法》，标志着资本监管在我国逐步成为核心监管。2018年，银监会和保监会合并，新成立的中国银行保险监督管理委员会履行监督管理银行业职责。

（二）我国基于防范系统性风险提出的资本监管要求

从2010年开始，人民银行逆周期宏观审慎政策的目标转变为限制信贷过快增长，降低通胀，具体做法就是监控并考核动态差别存款准备金率指标（王华庆，2014）。动态差别准备金率将信贷投放与银行资本和稳健性指标进行挂钩，根据测算，要求信贷增长过快的机构持有更多的存款准备金，激励机构维持其稳健性。时任银监会副主席王兆星（2010）明确提出构建我国最低资本要求和宏观审慎资本要求的整体资本监管的框架。为了应对信贷过快增长所带来的风险，银监会发布了《关于加强当前重点风险防范工作的通知》（银监发〔2010〕98号）[①]。2010年，《2010年大型银行监管工作意见》（银监发〔2010〕15号）要求资本充足率保持在11.5%水平上。中国人民银行在《2012年第三季度货币政策执行报告》中指出"研究提出加强系统重要性金融机构监管的政策措施"，进一步防范系统性风险，增强金融体系稳定性。2011年，《中国银监会关于中国银行业实施新监管标准的指导意见》（银监发〔2011〕44号，以下简称《指导意见》）提出强化资本监管，对资本充足率要求进行了重新划分，并引入了逆周期资本监管和系统重要性资本附加。新监管要求规定了过渡期安排，最终要求系统重要性银行和其他银行资本充足率分别达到11.5%和10.5%。此外，《指导意见》对系统重要性银行提出了更为审慎的监管框架和监管措施。2013年，我国开始施行新的《商业银行资本管理办法（试行）》，要求银行在2018年底之前达到更加严格的资本充足率要求。我国《商业银行资本管理办法（试行）》中强调，银监会有权在第二支柱框架下提出更为审慎的资本要求[②]，确保资本充分覆盖风险。李青川（2014）认为由于我国关于资本扣减项比巴塞尔协议Ⅲ更为严格，并且巴塞尔协议Ⅲ新增对无形资产和递延税资产等扣减项对我国影响有限，巴塞尔协议Ⅲ对我国银行核心以及资本影响并不大。反而由于我国银行发行的次级债券不符合巴塞尔协议Ⅲ要求，导致我国银行缺乏合格二级资本，我国资本充足率主要依靠核心一级资本支持。《商业银行资本管理办法（试行）》还明确了我国银行开展资产证券化以及场外衍生品等复杂交易性业务的资本监管规则。此外，为了规范我国发展迅猛的同业业务，《商业银行资本管理办法（试行）》对同业业务的风险权重进行了调整，由之前的原始期限三个月以内的同业资产风险权重为0、三个月以上的风险权重为20%统一调整为25%。我国在2013年出台了《中国银监会关于规范商业银行理财业务投资运作有关问题的通知》（银监发〔2013〕8号），要求商业银行理财非标资产占总资产比例不超过25%；2014年又发布

---

① 银监发〔2010〕98号要求贷款损失准备金占贷款余额比例原则不应低于2.5%，贷款损失准备占不良贷款比例不低于150%，两者按孰高要求执行。

② （1）银监会根据风险判断，针对部分资产组合提出特定资本要求；（2）银监会根据监督检查结果，针对单家银行提出的特定资本要求。

了《关于规范金融机构同业业务的通知》（银发〔2014〕127 号）和《中国银监会办公厅关于规范商业银行同业业务治理的通知》（银监办发〔2014〕140 号）等文件，对银行理财资金、银行资产证券化和同业业务的管理和运行进行了严格规范和限制。

表2－4　　　　　　　　银监会为稳妥推进《商业银行资本管理办法》
实施对资本充足率要求制定过渡期

银行类别	项目	2013 年底	2014 年底	2015 年底	2016 年底	2017 年底	2018 年底
系统重要性银行	核心一级资本充足率	6.5%	6.9%	7.3%	7.7%	8.1%	8.5%
	一级资本充足率	7.5%	7.9%	8.3%	8.7%	9.1%	9.5%
	资本充足率	9.5%	9.9%	10.3%	10.7%	11.1%	11.5%
其他银行	核心一级资本充足率	5.5%	5.9%	6.3%	6.7%	7.1%	7.5%
	一级资本充足率	6.5%	6.9%	7.3%	7.7%	8.1%	8.5%
	资本充足率	8.5%	8.9%	9.3%	9.7%	10.1%	10.5%

资料来源：银监发〔2012〕57 号文件。

从现阶段来看，我国宏观审慎资本监管的大体框架已见雏形，但仍然需要进一步完善操作机制和细则，如对系统重要性机构的评价、识别以及对于系统重要性资本附加的实施方案和规则，逆周期资本缓冲的触发机制和监管部门相机决策如何配合等。时任银监会副主席王兆星（2015）认为需要加快两个宏观审慎监管专项工具的制度建设，并加强宏观审慎管理与其他政策的衔接和配合，更大程度地发挥防范系统性风险的作用。银监会早在 2011 年 6 月就发布了《商业银行杠杆率管理办法》，规定杠杆率不得低于 4%，并于 2012 年 1 月起开始实施。我国杠杆率标准高于国际 3% 的标准。我国规定的杠杆率为一级资本与一级资本扣减项之差与调整后的表内外资产余额的比值。监管部门对于达不到杠杆率要求的机构采取包括补充一级资本、控制表内外资产增长速度、降低表内外资产规模等方式纠正。如逾期未改正，监管部门将采取停办部分业务、限制分配红利和其他收入等更为严厉的措施。2015 年 1 月 30 日，银监会对披露要求、衍生产品和交易资产余额计算进行了修订，发布了《商业银行杠杆率管理办法（修订）》，并于 2015 年 4 月 1 日开始实施。2016 年，中国人民银行把现有的差别准备金动态调整和合意贷款管理机制"升级"为"宏观审慎评估体系"。加强逆周期调节，进一步理顺信用派生过程，在加强对银行资产、负债监管下，推动银行表外转表内。监管部门根据巴塞尔协议Ⅲ和宏观审慎管理等国际经验，提出了符合我国实际情况的宏观审慎资本监管要求。2018年，中国人民银行联合银保监会和证监会出台了《关于完善系统重要性金融机构监管的指导意见》，将证券业和保险业机构纳入系统重要性金融机构范围，对系统重要性金融机构的定义、评估和识别、监管和处置等方面提出了指导意见。但从目前来看，我国逆周期资本缓冲框架还没有进一步细化，系统重要性机构的评估、确认和资本附加细则也有待进一步完善。

3. 我国银行资本缓冲周期性及其内在形成机制检验

金融体系顺周期性是 2008 年国际金融危机造成严重损失的重要原因。加强金融体系顺周期管理，实施逆周期金融监管成为金融监管的共识。在巴塞尔协议Ⅲ框架中，逆周期资本缓冲和资本留存成为逆周期监管框架的重要组成部分。从以往文献来看，银行资本缓冲的周期性检验结果并不一致。更为重要的是，从逆周期监管视角而言，经济周期对资本缓冲所产生的综合反映并不能有效指导宏观审慎管理部门开展逆周期监管工作的实施，邹传伟（2013）认为逆周期资本缓冲对不同驱动因素所导致的信贷顺周期的效果是存在差异的，应对价格驱动信贷顺周期性效果并不明显。因而，判别影响银行资本缓冲周期性的内在形成因素才是逆周期监管有效实施的前提。具体来看，逆周期资本缓冲针对的是资本缓冲周期性中由于资本监管所导致的顺周期性。资本留存作用机制在于通过限制银行利润分配提高银行资本缓冲，故其针对的是繁荣时期资本消耗过大而利润补充资本不足所导致的资本缓冲顺周期性。因此，本章的主要工作是梳理银行体系顺周期性行为形成因素，检验银行资本缓冲周期性，并在此基础上实证分析资本缓冲周期性的内在形成机制。从本章实证和分析来看，大型银行和股份制银行在繁荣时期资本监管约束力会显著下降，而城市商业银行和农村商业银行表现并不显著；我国银行在繁荣时期存在利润补充资本不足与贷款顺周期性所导致的资本消耗过度的矛盾。

3.1 银行体系顺周期性行为形成因素

顺周期性指的是金融体系与实体经济之间的动态正向反馈，放大繁荣和萧条周期，加剧经济周期性波动，造成金融体系不稳定。在金融体系中，存在着多重顺周期因素，如信息不对称、资产价格、市场短视性等因素均能够导致顺周期性，它们相互作用，进一步扩大经济和金融体系的波动，造成更大的破坏。防范此类扩大效应是防范系统性风险的重要内容之一。分类来看，金融体系的顺周期性有其内在因素所造成，也有外部因素所致。一方面，由于金融市场不完善、市场参与者羊群效应和乐观情绪，从而导致在经济繁荣期进一步扩大金融体系的繁荣甚至引起泡沫，产生了顺周期性。Katalin Mero（2002）研究了信息不对称所产生的顺周期性。在经济衰弱时期，商业银行主要关注贷款偿付问题，因而采取更为紧缩的信贷政策，导致一些风险较低、收益较好的项目因此而得不到贷款，从而导致经济进一步紧缩。另一方面，金融机构风险计量、自身短视性、激励机制以及外部的资本监管制度、会计制度均会产生顺周期性。特别是在资本监管中，银行计量资本要求导致资本监管约束力下降，进一步放大了经济波动。White（2006）认为诸如抵押品、信用评级和资本监管顺周期导致商业银行信贷顺周期性。BIS（2008）认为金融体系顺周期性的来源主要包括风险计量和激励扭曲。逆周期监管政策干预的目的在于限制风险计量和激励扭曲带来的风险扩大机制。在2008年国际金融危机后，国际社会和监管当局主要关注的是资本监管制度在经济周期作用下顺周期性导致的信贷过度增长，并提出了解决顺周期性的工具和实施政策。

3.1.1　资本监管制度顺周期性

国外大量研究认为巴塞尔协议造成了显著的周期性问题。巴塞尔协议Ⅱ把资本和风险权重相挂钩，从而使银行受到经济周期影响，造成银行体系顺周期问题，放大银行体系的不稳定性和波动性。Bliss 和 Kaufman（2003）发现由于资本监管是基于风险加权而设定监管标准，其对风险具有敏感性。因此会导致产生更为严重的银行顺周期效应，并对宏观经济产生冲击。在风险加权资产的计量中，巴塞尔协议规定了标准法，其风险资产权重是基于外部评级设置的。同时，巴塞尔协议也提供了内部评级法。内部评级法又分为初级和高级。内部评级法风险权重采用风险参数如违约概率、违约损失率等进行计算。而实践发现，外部评级与经济周期之间有密切的联系。在经济周期中，当经济处于繁荣时期，借款人抵押品价格上升，财务状况改善。这些因素均导致了资本监管风险敏感度大为提高，银行资本监管在经济繁荣时期约束力下降，其受经济周期的影响提高。特别是在采用内部评级法时，违约概率和违约损失率在经济下行中可能存在严重的正相关性，而这又进一步放大了经济周期与资本监管的顺周期性。因此，无论是标准法中的外部评级还是内部评级法中风险参数的顺周期性同样都导致了资本监管的顺周期性。Danielsson 等（2001）指出，无论是标准法，或者银行内部法，巴塞尔协议Ⅱ中的信用风险度量都存在顺周期性，而内部法相比较而言更有可能产生顺周期性。巴塞尔委员会（2000）认为在衰退期贷款组合资产质量下降不可避免地增加银行风险暴露和资本要求增加，而此时资本变得更为昂贵，甚至表现较差的机构资本不可用。此次危机发生后，交易账户市场风险资本要求也存在顺周期性。Bernanke 等（1999）认为资本监管体系在经济繁荣时低估了风险，在经济萧条时期又高估风险。Kashyap 和Stein（2004）认为银行的监管制度能够放大银行贷款行为顺周期。孙连友（2005）分析了银行内部评级法等风险计量造成的顺周期性。王胜邦和陈颖（2008）分析了内部评级法顺经济周期效应的形成机制和缓解机制。

3.1.2　公允价值易引发顺周期性

会计制度中公允价值同样也会造成顺周期性问题。在国际会计准则中，要求对出售类和交易类的资产采用公允价值计量以真实反映资产的市场价值，但公允价值计量导致银行资产的价值随着市场环境的变化而波动。当经济处于繁荣时期，预期向好，资产价格会被推高，公允价值所计量的资产价值上升，从而增强了抵押品可贷款金额。在经济下行期，资产价格下降，导致公允价值计量的资产价格下跌，从而降低了抵押品可贷金额。与此同时，如果市场参与者对资产进行抛售，可能又会引发资产价格下行压力。宋科（2015）分析了"制度性顺周期效应"包括资本监管、贷款损失拨备制度以及公允价值会计准则等三方面典型事例对金融体系的制度性顺周期机制进行系统阐述。陈雨露（2009）认为以盯视原则为基础的公允价值计价方法会放大系统性风险。Laeven L. 和 Majnoni G.（2003）发现许多银行经验证据表明在衰退阶段到来后，银行会拖延配置不良贷款的损失准备，从而放大经济周期对银行收入和资本的影响。

3.1.3　金融市场计量的顺周期性

银行的风险计量模型中许多指标为市场所反映的指标，指标本身就含有顺周期性。银行风险管理中计量模型的应用和普及，造成银行风险管理的同质性，促使银行产生相同的风险管理行为，如计提抛售资产等同质化管理，形成"合成谬误"，从而在市场中产生相互强化和自我预期实现，进一步加大银行顺周期性。

3.1.4　信贷行为顺周期性

在经济繁荣时期，由于抵押资产价格升高、企业违约概率下降和市场向好预期增强等因素，银行有增大信贷投放的冲动，而市场资金需求者同样存在着过于乐观的预期，从而进一步促使经济扩张，但此时贷款在经济萎缩情况下很可能成为不良贷款。Bernanke 和 Gertler（1995）从银行和借款人信息不对称视角出发，利用模型分析了经济和金融体系"金融加速器"效应。在经济恶化情形下，资产抵押物的价格出现下降，借款人很难获得融资。在信贷市场中，也存在着"羊群效应"，特别是银行之间的跟随经营策略，更进一步放大了金融体系和经济之间的顺周期性。另外，金融机构的薪酬激励机制也是其产生顺周期性的原因之一。由于银行管理人员的薪酬均由银行当期利润决定，经济繁荣时期，银行管理人员有激励采取更为激进的经营策略发放贷款以及其他风险业务，以获得高额回报；在经济萧条时期，银行管理人员对于银行的亏损受到的损失和惩罚则较小，因此可能造成银行的管理人员并不关心银行在繁荣时期所积累的风险。Asea（1998）发现银行在繁荣时期改变发放贷款标准，导致在繁荣时期的贷款供给扩张。我国如滑静和肖庆宪（2007）从银行信贷行为视角分析其与经济周期的关系，认为我国银行信贷具有顺周期性。

3.1.5　资本缓冲的周期性

从理论上而言，在银行体系中，诸多因素可能导致银行存在顺周期性，从而导致银行的资本缓冲也具有周期性。国外许多文献如 Lindquist（2004）、Tabak 等（2011）均认为资本缓冲具有顺周期性。而 Kim 和 Lee（2006）的实证发现，在经济周期性作用下，发达国家银行资本缓冲与发展中国家银行资本缓冲存在截然不同的表现。另外，也有学者认为，随着经济处于上行阶段，银行扩大贷款，银行潜在的风险在升高，银行也可能会比平常阶段更进一步提高资本缓冲，用于抵御增加的银行风险。Rajan（1994）认为，经济繁荣提高了资产价格，产生泡沫；经济下行对银行会造成巨大损失，理性而富有远见的银行会提高资本缓冲，以吸收经济下滑而造成的损失，即资本缓冲存在逆周期特点。Jokipii 和 Milne（2008）利用跨国数据分析，发现一些国家的资本缓冲具有逆周期性。Ayuso 等（2004）建立资本水平的模型，他们认为资本缓冲主要受到资本持有成本、银行风险、资本调整成本以及经济周期等因素的影响。他们发现西班牙银行资本缓冲和经济周期呈现负相关关系：当经济处于上行阶段，资本缓冲将减少；当经济处于下行阶段，资本缓冲增加。Stephanie 和

Michael（2005）检验了 1993—2003 年德国银行缓冲资本、资本和风险加权资产与经济周期的关系，他们发现储蓄银行和合作银行缓冲资本与经济周期呈现负相关。从我国实证文献来看，资本缓冲与经济周期之间的关系是不明确的。李文泓和罗猛（2010）利用我国 1998—2008 年 16 家银行数据，实证研究发现资本充足率具有一定的顺周期性。张敏锋（2014）采用我国 37 家银行数据，实证发现银行资本充足率与经济周期呈现负相关关系。但党宇峰等（2012）对我国 13 家商业银行资本缓冲的周期性行为及其驱动因素进行考察，发现我国上市银行的资本缓冲具有逆周期性。即在经济扩张时期，银行资本缓冲水平上升；在经济收缩时期，银行资本缓冲水平下降。柯孔林等（2012）实证同样认为我国上市银行资本缓冲由资本和风险加权资产渠道共同驱动而具有逆周期性，并且上市银行资本缓冲的逆周期性特征并未因商业银行产权性质不同而存在显著差异。蒋海等（2012）研究了我国 16 家上市银行资本缓冲的周期性，发现我国上市银行资本缓冲具有逆周期性。田祥宇（2013）采用我国 16 家银行季度数据实证研究认为我国上市银行资本缓冲具有逆周期性。

3.2　我国银行资本缓冲调整行为分析和检验

3.2.1　我国银行资本缓冲与经济周期的总体情况

图 3-1 反映了加权资本充足率（虚线）与经济增长率（实线）的总体走势情况。从总体上看，我国银行的资本缓冲在 2003—2008 年与经济增长呈现同方向，而在 2008 年后，两者朝不同的方向发展。我国银行资本缓冲在 2003 年后不断上升。这段时期，经历了上市补充资本和政府注资，我国银行业资本水平得到了提高。在此期间，商业银行利润逐年增加，为补充资本提供了渠道。而在 2008 年国际金融危机后，监管部门出台了更多资本监管措施，如提高银行资本留存和系统重要性资本附加，并且出台了其他一系列防范金融风险的调控政策，故我国银行资本缓冲保持着持续增加的态势。本书把银行分为大型银行和股份制银行、城市商业银行和农村商业银行两类分别考察其与经济增长的关系，从图 3-2 和图 3-3 来看，银行资本缓存和经济增长的走势在 2008 年之前较为同步，在 2008 年之后两者差距有所扩大。我国大型银行在 2003 年后进行了股改和注资以及引进投资者。如 2004 年，汇金公司动用 450 亿美元对中国银行和中国建设银行进行注资，向交通银行注资 30 亿元人民币。2005

年，汇金公司动用150亿美元对中国工商银行进行注资。2004年，交通银行引入汇丰银行，2005年中国建设银行引入美洲银行、淡马锡等战略投资者。中国银行在同年引进苏格兰皇家银行、淡马锡、瑞银、亚洲开发银行等战略合作者。2006年，中国工商银行引进了美国高盛、安联集团以及运通公司作为战略投资者。2004年，中国建设银行完成股份制改造，2005年在香港上市。中国工商银行和中国银行也在2006年成功在上海和香港上市。这些措施极大地提高了我国大型银行的资本充足率。

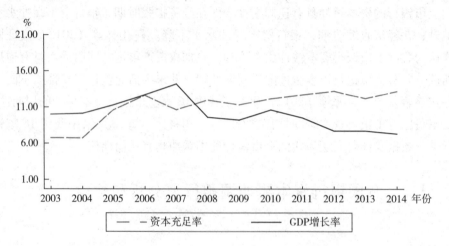

图3-1 我国银行资本缓冲加权平均值与经济增长率

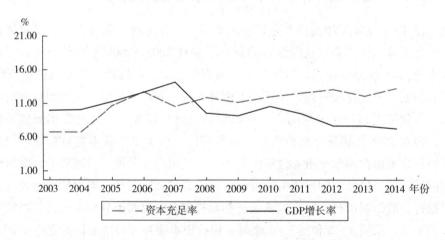

图3-2 我国大型银行和股份制银行加权资本缓冲与经济增长率

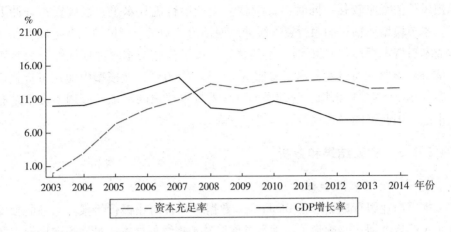

图3-3　我国城市商业银行和农村商业银行加权资本缓冲与经济增长率

3.2.2　模型和变量设定

在实证研究中，周期性检验一般考察金融变量与经济周期变动关系。对于资本缓冲而言，一般将经济周期与资本缓冲正相关关系表述为资本缓冲具有逆周期性，将经济周期与资本缓冲负向关系表述为资本缓冲具有顺周期性。

Ayuso 等（2004）利用模型分析了资本动态调整过程：

$$(K^* - \overline{K})_t = (K^* - \overline{K})_{t-1} + E_t\left[\frac{1}{\sigma_t}\sum_0^\infty \beta^i(\theta_{t+i})\right] - E_t\left[\frac{1}{\sigma_t}\sum_0^\infty \beta^i\alpha_{t+i}\right] + \xi_t$$

$$(3.1)$$

式中，K^* 是银行持有的最优资本，K_{t-1} 为银行在 $t-1$ 期资本持有水平。$\overline{K}$ 是监管部门设定的最低资本充足率。σ_t 是资本调整成本，β^i 是贴现率，α_t 是资本机会成本，θ_t 是破产成本。其揭示了银行资本缓冲主要受到上一期资本缓冲、破产风险、持有成本以及调整成本的影响。在借鉴 Ayuso 等（2004）与 Terhi Jokipii 和 Alistair Milne（2008）的基础上，本书设定以下基准模型：

$$BUF_{i,t} = \alpha_i + \beta_1 BUF_{i,t-1} + \beta_2 GDP_t + \beta_3 CON_{i,t} + \varepsilon_{i,t} \qquad (3.2)$$

BUF 为总资本充足率与最低监管要求的差值，GDP 为国内生产总值增长率。主要的控制变量包括净资产收益率（ROE），其为资本成本的代理变量。资本成本高，则银行持有意愿下降。另外，有学者如 Nier 和 Baumann（2006）认为资产收益率可能来自银行垄断利润，银行趋向于提高留存收益。不良贷款率（NPL）高代表银行的风险高。NPL 高，银行可能计提贷款损失准备，从而可能提高银行资本缓冲水平。但与此同时，NPL 高，也意味着银行风险高，其承担风险的意愿较强，同时不良贷款会降低银行盈利水平，造成资本缓冲下降。本节模型所估计的银行资本缓冲周期性为控制了银行风险、调整成本和资本成本后资本缓冲与 GDP 增长率的关系。为了检验资本缓冲周期性行为是否由信贷顺周期性而引发，本书参照 Ayuso 等（2004），在模型中加入了贷款增长率（$\Delta LOAN_{i,t}$）指标，贷款增加意味着资本要求的增加，而调整资本是有成本的，因此可能导致银行资本缓冲下降。

3.2.3　实证结果和分析

（一）数据来源和样本选择

本书商业银行数据来自 Bankscope 数据库和各商业银行年报。动态面板要求 4 年的连续期，故删除了不满足条件以及不连续的样本。最后筛选出样本区间为 2003—2014 年，共 104 家[①]商业银行的样本数据。相较于以往我国文献，本书研究的数据样本进一步扩大，并进一步考察银行资本补充和资产消耗行为以及平均风险权重对资本缓冲周期性形成机制的影响。

（二）主要变量描述性统计

从表 3-1 来看，我国银行资本缓冲的平均值为 4.48%，大大超出最低资本充足率要求，表明我国银行总体上是较为稳健的。

表 3-1　　　　　　　　　　　　变量描述性统计

符号	定义	观测值	平均值	标准差	最小值	最大值
BUF	银行资本缓冲（%）	743	4.48	3.86	-23.72	54.62
GDP	国内生产总值增长率（%）	754	9.42	3.74	7.3	14.2
TA	银行资产规模对数值	749	18.72	1.77	14.43	23.75
ROE	资本收益率（%）	751	17.46	8.21	-27.92	83.46
NPL	不良贷款率（%）	754	1.9	2.77	0	24.24
$\Delta LOAN$	贷款增长率	642	0.19	0.13	-0.11	1.99
PRO	银行利润占总资产比重（%）	746	1.03	0.41	-0.42	2.88

（三）实证分析

从计量模型可以看出，被解释变量为解释变量的滞后一期，故其为动态面板（Dynamic Panel）模型，因此本书选用广义矩估计（GMM）对模型进行估计。由于解释变量中包括被解释变量的滞后一期，基于动态面板的广义矩估计

[①] 包括我国 5 家大型商业银行，即工、农、中、建、交五家大型银行，股份制银行 12 家，城市商业银行和农村商业银行 87 家。

能够有效控制内生性问题。广义矩估计（GMM）在估计中由于并不需要获得随机误差项分布信息，能够得到较为有效的估计量，通过对方差进行一阶差分，采用滞后项作为解释变量的工具变量对模型进行估计，使用了合适的工具变量，故能够有效控制内生性。在普通最小二乘法（OLS）的估计系数是偏高（Upward Bias）的，而固定效益（FE）估计系数是偏低（Downward Bias）的，广义矩估计（GMM）的估计系数则介于 OLS 和 FE 之间。因此，本书通过分别对三种方法进行估计，作为动态广义矩估计的验证。从国内文献来看，以往文献关于资本缓冲周期性的研究样本只包括我国上市银行甚至更少的银行样本，并且以往研究结论还存在分歧，我国银行资本缓冲是否表现为顺周期性还值得进行实证研究。从我国实际情况来看，我国银行有着资产规模巨大的国有大型银行，也有规模较小、股权分散的中小型银行。大型银行在经营过程中不仅需要考虑到股东利益，还需要承担相当程度的社会责任。大型银行需要积极配合政府主导的经济刺激和产业扶持政策等，以发展经济保障民生。不同类型的银行在客户群体、风险偏好、营运能力、货币政策的传导、受监管和干预程度等各个方面存在着差异。在本节中，我们扩大银行样本，并对样本进行分组估计，以检验不同银行资本缓冲周期性是否存在差异。根据检验结果，发现模型扰动项的差分存在一阶自相关，但不存在二阶自相关，并且通过了 Sargan 检验，接受"所有工具变量都有效"，故本书可以采用动态 GMM 进行估计；资本缓冲的滞后一期与资本缓冲当期呈现显著的正相关，估计系数介于 OLS 和 FE 之间。

　　表 3 - 2 的模型（1）为全样本下的估计。从表 3 - 2 模型（1）可以发现，在控制了模型中其他因素的情况下，资本缓冲与 GDP 增长率并不显著。不良贷款率与资本缓冲呈现显著负相关。这表明银行不良贷款率越高，会侵蚀银行资本，银行的资本缓冲越低。从模型（2）来看，加入贷款增长率控制变量后，资本缓冲与 GDP 增长率没有发生变化。从表 3 - 2 模型（3）和模型（4）的分样本估计结果来看，对于我国大型银行和股份制商业银行而言，在控制了模型中其他因素情况下，随着 GDP 增长率的上升，银行资本缓冲显著增加。这表明对于我国大型银行和股份制商业银行而言，资本缓冲表现出逆周期特征。经济增长能够显著促进大型银行和股份制商业银行资本缓冲的提升，资本缓冲随着经济增长而增加。在加入贷款增长率控制变量后，资本缓冲与 GDP 增长率之间的正相关依然在 10% 水平下显著。对于我国城市商业银行和农商银行而言，由模型（5）可见，在控制了其他因素情况下，资本缓冲与 GDP 增长率呈现显著负相关性。在加入贷款增长率控制变量后，资本缓冲与 GDP 增长率之间的显著负相关性未

发生变化。Xiong（2013）利用中国银行业数据实证研究认为，资本监管加强了银行信贷的顺周期性，小银行的资本缓冲具有一定前瞻性，而规模大的银行由于"大而不能倒"以及融资成本和融资渠道的多样化，行为更为短视。本书的结论与 Xiong（2013）存在差异。由表3-2可见，将银行样本扩大到我国城市商业银行和农商银行，发现不同类型银行资本缓冲在面对经济周期过程中，呈现出差异性。我国大型银行和股份制银行资本缓冲与经济周期同向变化，表现出逆周期性，而城市和农村商业银行资本缓冲存在顺周期性。

表3-2　　　　　　　　　　资本缓冲与经济周期模型估计结果

解释变量	模型（1）	模型（2）	模型（3）	模型（4）	模型（5）	模型（6）
$BUF_{i,t-1}$	0.300 ***	0.302 ***	0.305 ***	0.327 ***	0.317 ***	0.292 ***
	（11.006）	（9.496）	（10.609）	（13.995）	（6.588）	（5.483）
GDP_t	−0.051	−0.002	0.182 **	0.138 *	−0.204 **	−0.207 **
	（−0.751）	（−0.032）	（2.090）	（1.695）	（−2.335）	（−2.532）
$TA_{i,t}$	0.008	−0.307	1.082 ***	0.483	−0.715 **	−0.813 **
	（0.028）	（−1.114）	（5.131）	（1.569）	（−2.033）	（−2.214）
$ROE_{i,t}$	−0.026	−0.040 **	−0.021	−0.038	−0.042 **	−0.049 **
	（−1.315）	（−2.298）	（−0.855）	（−1.261）	（−2.318）	（−2.370）
$NPL_{i,t}$	−0.405 ***	−0.431 ***	−0.123	−0.327 **	−0.394 ***	−0.452 ***
	（−5.680）	（−5.673）	（−1.069）	（−2.148）	（−4.325）	（−4.193）
$\Delta LOAN_{i,t}$		−2.913 **		−3.948 ***		−2.419
		（−2.138）		（−2.652）		（−1.613）
AR（2）	0.805	0.981	0.225	0.204	0.861	0.871
Sargan	1.00	1.00	1.00	1.00	1.00	1.00

注：解释变量为 $BUF_{i,t}$；＊＊＊、＊＊、＊分别代表在1%、5%和10%的置信水平下显著；括号内为稳健性标准差调整后的 t 值；数据采用小数点后三位四舍五入。模型（1）和模型（2）为全样本估计结果，模型（3）和模型（4）为大型银行和股份制银行的估计结果；模型（5）和模型（6）为城市和农村商业银行样本估计结果。

3.3　我国银行资本缓冲周期性内在形成机制实证分析

实证估计得出的银行资本缓冲周期性是控制了银行调整成本、资本成本、银行风险等变量后，经济周期对银行资本缓冲所产生的综合反映。顺周期性反映了银行资本缓冲下降，这在客观上扩大经济波动，而逆周期性则反映了银行在客观上具有逆向操作的特征。但从宏观审慎资本工具有效实施的角度来看，资本缓冲随经济波动所产生的综合反映并不能有效指导监管部门开展逆周期监管工作，因为不可能存在一种工具能够抑制所有的顺周期性因素。更为重要的是，针对不同因素所导致的银行顺周期性，需要不同逆周期监管工具加以应对。即便从总体而言，银行资本缓冲未表现出顺周期性，也需要进一步分析各类因素对银行资本缓冲周期性的影响，从而判断是否需要或者采取哪些工具实施逆周期调控。为了进一步分析我国银行资本缓冲周期性的内在驱动因素，完善我国逆周期资本缓冲框架，本节分析了银行资本补充、资产配置以及银行平均风险权重因素对银行资本缓冲周期性的影响。党宇峰等（2012）从资本和信贷两个驱动因素分别考察资本缓冲的周期性。柯孔林等（2012）从资本和风险加权资产两方面考察资本缓冲的周期性。张琳和廉永辉（2015）认为以往一些文献仅从实证角度检验了银行资本缓冲的周期性，但未分析资本缓冲周期性特征的内在原因。他们采用我国 76 家银行的数据实证分析，认为资本补充能力造成了不同银行类型的周期性的差异。从逆周期资本缓冲工具视角来看，资本留存主要是通过限制银行利润分配、强制资本补充，从而维护银行资本缓冲水平，因此，本书检验银行利润补充资本渠道对资本缓冲周期性的影响。考虑到单纯考察银行利润补充资本渠道意义有限，繁荣时期银行资本补充在提高银行资本缓冲的同时，银行也会加大资产配置力度。因此，在研究银行资本补充机制过程中，需要将资本补充和资本消耗放在一起考虑。故本书在检验银行利润补充资本渠道对资本缓冲周期性影响的基础上，纳入银行资产配置渠道作为银行利润补充资本渠道基准，进一步考察在经济周期作用下，银行资本补充（银行利润）与资本消耗（资产配置）行为对资本缓冲的影响，以检验银行利润补充资本影响资本缓冲周期性作用的大小。由于逆周期资本缓冲工具针对的是资本监管的顺周期性，因此，本书也着重检验了风险加权权重对资本缓冲周期性的影响。

3.3.1　资本补充、资产配置与银行资本缓冲周期性检验

为了考察在经济周期过程中，我国商业银行利润是否能够补充资本从而对银行资本缓冲周期性行为产生显著影响，本书在模型中加入了银行利润与经济周期交互项进一步进行考察。

从表 3-3 的实证结果来看，在全样本的回归中，在控制了经济周期与银行利润的交互项后，银行资本缓冲与经济周期呈现负相关性。这表明在银行总

体样本下，在经济周期作用下，银行利润补充资本能够削弱银行资本缓冲顺周期性。银行在经济周期中通过利润能够有效增加银行资本缓冲，一定程度上发挥了逆周期操作的功能，能够起到维护银行稳健性的作用。从大型银行和股份制银行样本来看，我们发现，在控制了经济周期与银行利润的交互项后，银行资本缓冲与经济周期呈现负相关性，但并不显著。通过城市和农村商业银行的实证结果发现，控制了经济周期与银行利润的交互项后，银行资本缓冲与经济周期呈现显著负相关性。这表明在控制了经济周期对银行利润的影响后，城市和农村商业银行资本缓冲同样表现出显著具有顺周期性。在经济发展繁荣时期，城市和农村商业银行更偏好降低资本缓冲，加大风险承担。经济周期与银行利润的交互项在1%水平下显著，表明城市和农村商业银行繁荣时期通过利润能够显著提高资本缓冲。经济周期对银行利润的影响可以抵消一部分城市和农村商业银行资本缓冲与经济周期的顺周期性。

表 3 – 3 银行利润与资本缓冲周期性模型估计结果

解释变量	模型（1）	模型（2）	模型（3）
$BUF_{i,t-1}$	0.238 ***	0.313 ***	0.189 ***
	(5.603)	(8.437)	(3.916)
GDP_t	− 0.340 ***	− 0.059	− 0.489 ***
	(− 3.366)	(2.230)	(4.615)
$GDP_t \times PRO_{i,t}$	0.360 ***	0.240 **	0.422 ***
	(4.313)	(2.289)	(4.695)
$TA_{i,t}$	− 0.462	0.227	− 0.767 **
	(− 1.595)	(0.732)	(− 2.095)
$ROE_{i,t}$	− 0.199 ***	− 0.110 **	− 0.231 ***
	(− 5.138)	(− 2.276)	(− 5.209)
$NPL_{i,t}$	− 0.369	− 0.198 *	− 0.456 ***
	(− 4.148)	(− 1.743)	(− 4.457)
$\Delta LOAN_{i,t}$	− 2.183	− 3.334 **	− 1.134
	(− 1.621)	(− 2.295)	(− 0.690)
AR（2）	0.93	0.18	0.82
Sargan	1.00	1.00	1.00

注：解释变量为 $BUF_{i,t}$；＊＊＊、＊＊、＊分别代表在1%、5%和10%的置信水平下显著；括号内为稳健性标准差调整后的 t 值；数据采用小数点后三位四舍五入。模型（1）为全样本估计结果，模型（2）为大型银行和股份制银行的估计结果，模型（3）为城市和农村商业银行样本估计结果。

为了进一步考察银行利润补充资本渠道对银行资本缓冲周期性的效应，本书检验银行资本消耗与资本补充综合效应对资本缓冲周期性的影响。本书将银行资本配置（贷款）作为检验银行利润补充资本渠道的基准，考察银行通过银行利润（资本补充）和银行资产配置（资本消耗）两者的综合效应对银行资本缓冲周期性的影响。因此，在模型中加入了银行利润与银行贷款的比率（PROLOAN）以及其与 GDP 增长率的交互项，并在模型中加入资本占总资产比率（ETA）和贷款占总资产比率（LOAN）控制变量，以检验经济周期是否通过对银行资本缓冲"分子"项和"分母"项两方面驱动因素所产生的综合效应对资本缓冲产生影响。

从表 3－4 检验结果来看，在控制了其他变量后，GDP 增长率与银行利润和银行贷款比率变量的交互项估计的系数为负，并且统计上显著。经济繁荣时期所带来的贷款增长导致资本缓冲下降压力显著高于经济繁荣时期所带来的银行利润补充导致的资本缓冲提高效应。这表明我国银行在繁荣时期所带来的利润补充资本不足，无法弥补繁荣时期所带来的资本消耗过快，从而导致资本缓冲下降。因此，监管部门需要进一步提高银行利润转增资本的审慎管理，提高银行内源融资比例。商业银行在资本调整过程中，主要通过注资、上市股权融资、利润转增资本等方式提高自身资本。特别是对于我国城市和农村商业银行而言，缺乏上市融资渠道，甚至难以获得股东的再融资，发债和募集资金方面与大型银行和股份制银行存在较大的差距，资本补充途径相较于大中型商业银行相比较为狭窄。因此，利润补充资本是城市和农村商业银行补充资本的一个重要渠道。巴塞尔协议Ⅲ框架中的资本留存要求银行通过利润补充资本，限制利润分配。鼓励银行在经济繁荣时期增加资本有利于维护银行的稳健性。在我国逆周期资本缓冲框架中，应进一步加大银行在经济繁荣时期增加资本补充的激励机制，提高银行在繁荣时期通过利润提高资本缓冲的积极性，防范由于经济周期而导致银行波动性加大。我国大型银行和股份制银行由于能够通过外部获得资本，如大型银行在 2004 年后通过获得政府注资、上市融资、引进投资者等外部方式进行了大规模的融资。股份制银行也能够通过上市融资，有的股份制银行也获得了政府的注资，如 2007 年，光大银行获得汇金公司 200 亿元的注资。对于大型银行和股份制银行而言，由于其融资渠道较多，补充资本的能力较强。因此，监管部门需要进一步加强对大型银行和股份制银行内源融资和外源融资的综合审慎管理。

表 3 - 4   银行利润补充、资产配置与资本缓冲的周期性

解释变量	模型（1）	模型（2）	模型（3）
$BUF_{i,t-1}$	0.112 ***	0.048 **	0.183 ***
	(3.537)	(2.105)	(4.950)
GDP_t	0.076	0.208 **	0.149
	(0.892)	(2.541)	(1.216)
$TA_{i,t}$	- 0.989 ***	- 0.046	- 1.365 ***
	(- 3.539)	(- 0.160)	(- 4.125)
$ROE_{i,t}$	0.085 **	0.121 ***	0.131 **
	(2.329)	(3.460)	(2.478)
$NPL_{i,t}$	- 0.361 ***	- 0.168	- 0.311 ***
	(- 3.915)	(- 1.145)	(- 3.802)
$ETA_{i,t}$	1.176 ***	1.234 ***	1.308 ***
	(11.253)	(12.951)	(9.722)
$LOAN_{i,t}$	- 13.327 ***	- 6.097 ***	- 17.529 ***
	(- 5.287)	(- 3.241)	(- 5.389)
$GDP \times PROLOAN_{i,t}$	- 0.066 *	- 0.099 ***	- 0.112 **
	(- 1.913)	(- 2.694)	(- 2.319)
AR（2）	0.431	0.979	0.346
Sargan	1.00	1.00	1.00

注：解释变量为 $BUF_{i,t}$；＊＊＊、＊＊、＊分别代表在 1%、5% 和 10% 的置信水平下显著；括号内为稳健性标准差调整后的 t 值；数据采用小数点后三位四舍五入。模型（1）为全样本估计结果，模型（2）为大型银行和股份制银行的估计结果，模型（3）为城市和农村商业银行样本估计结果。

3.3.2　银行平均风险权重与资本缓冲周期性检验

逆周期资本缓冲主要针对的是资本监管的顺周期性。为了更为细致地探寻资本缓冲周期性内在形成机制，本节在考察 GDP 增长率对资本缓冲模型中加入银行风险加权资产与银行总资产的比例即银行平均风险权重（WEG），检验资本缓冲与经济周期是否产生变化。

由表 3 - 5 可见，在模型中加入银行平均风险权重后，虽然总样本中风险平均权重没有表现出显著性，但从分样本可以发现，银行的平均风险权重能够显著降低银行资本缓冲，特别是对于大型银行和股份制银行样本而言，这表明银行风险权重越高，越拖累银行资本缓冲。由于风险权重越高，银行所计算的资本要求越高，从而导致银行资本缓冲水平的下降。为了进一步研究经济周期

对风险权重的影响，进而对银行资本缓冲造成的影响，我们在模型中加入了经济周期与银行平均风险权重的交互项。

表 3 – 5　　　　　　　　　银行风险权重与资本缓冲的周期性（1）

解释变量	模型（1）	模型（2）	模型（3）
$BUF_{i,t-1}$	0.212 ***	0.295 ***	0.154 ***
	(4.549)	(6.901)	(2.668)
GDP_t	0.010	0.198 ***	−0.059
	(0.525)	(2.988)	(−0.682)
$WEG_{i,t}$	−0.078	−8.110 ***	−0.084 *
	(−1.560)	(−2.577)	(−1.949)
$TA_{i,t}$	−0.352	0.272	−0.508
	(−1.303)	(0.964)	(−1.493)
$ROE_{i,t}$	−0.186 ***	−0.256 ***	−0.202 ***
	(−5.416)	(−3.658)	(−4.949)
$NPL_{i,t}$	−0.353 ***	−0.073	−0.441 ***
	(−3.755)	(−0.450)	(−4.242)
$\Delta LOAN_{i,t}$	−1.612	−2.078	−0.343
	(−1.213)	(−1.368)	(−0.219)
$PRO_{i,t}$	3.652 ***	5.644 ***	4.029 ***
	(0.147)	(3.852)	(4.300)
AR（2）	0.904	0.218	0.766
Sargan	1.000	1.000	1.000

注：解释变量为 $BUF_{i,t}$；＊＊＊、＊＊、＊分别代表在1%、5%和10%的置信水平下显著；括号内为稳健性标准差调整后的 t 值；数据采用小数点后三位四舍五入。模型（1）为全样本估计结果，模型（2）为大型银行和股份制银行的估计结果，模型（3）为城市和农村商业银行样本估计结果。

由表 3 – 6 可见，在模型中加入银行风险平均权重以及银行风险平均权重与经济周期的交互项后，大型银行和股份制银行与城市商业银行和农商银行两类样本表现出非常大的差异性。邹传伟（2013）采用拨备作为企业信用变化的替代指标，实证发现拨备的提高会导致银行平均风险权重的提高，从而说明在经济周期下，企业信用变化会导致银行平均风险权重变化，说明资本监管在经济繁荣时期约束力会下降。从表 3 – 6 的模型（2）的交互项可见，经济周期对银行资本缓冲的影响受到银行平均风险权重的影响，经济周期和银行平均风险权重存在相互削弱（Compensating）。银行平均风险权重对资本缓冲的影响受到经济周期的影响。随着经济的繁荣，银行平均风险权重对资本缓冲的负向影响会减弱。这表明在经济繁荣时期，资本监管对大型和股份制银行的约束力下降。从这一点可以看出对我国大型银行和股份制银行实施逆周期资本缓冲的必要性，它们在经济繁荣时期随着自身风险权重下降能够显著降低资本约束的效力，而逆周期资本缓冲则是针对资本监管顺周期而提出的资本监管措施。因此，应该尽快对我国大型银行和股份制银行实施逆周期资本缓冲。目前，中国五大商业银行适用了1%的资本附加。2016年中国人民银行正式开始执行宏观审慎评估体系（MPA），MPA根据银行广义信贷与宏观经济情况计提，广义信贷增速超过趋势水平（与目标GDP、CPI增幅相关）越多，宏观经济热度越高，需要持有的逆周期资本也越多。MPA以资本约束为核心，但从MPA中的逆周期资本缓冲计提来看，其主要目的是提高广义信贷扩张的成本，抑制广义信贷过快增长。从表3－6模型（3）可以发现，随着风险权重提高，城市和农村商业银行会增加资本缓冲，降低自身风险承担水平。从模型（3）交互项来看，城市和农村商业银行经济周期和平均风险权重存在与大型银行和股份制银行完全不一样的相互削弱（Compensating）。经济繁荣时期会显著弱化城市和农村商业银行由于风险权重升高而增加资本缓冲的效应。从表3－6的估计结果来看，不同类型的银行在经济周期中面对平均风险权重表现的行为并不相同。特别是对城市和农村商业银行而言，繁荣时期会削弱银行平均风险权重增加而出现的银行资本缓冲逆周期性。这表明一方面，城市和农村商业银行平均风险权重可能没有随着繁荣时期而降低，另一方面，城市和农村商业银行在繁荣时期对于平均风险权重的态度比其他时期更为激进，从而导致其繁荣时期，平均风险权重会导致银行资本缓冲下降。

表 3 - 6 银行风险权重与资本缓冲的周期性（2）

解释变量	模型（1）	模型（2）	模型（3）
$BUF_{i,t-1}$	0.210 ***	0.286 ***	0.138 ***
	(4.415)	(6.980)	(2.361)
GDP_t	0.134	-0.831 ***	0.522 *
	(0.526)	(-3.128)	(1.865)
$GDP_t \times WEG_{i,t}$	-0.241	2.139 ***	-1.107 **
	(-0.466)	(3.463)	(-2.094)
$WEG_{i,t}$	2.242	-29.159 ***	10.552 ***
	(0.452)	(-4.837)	(2.085)

续表

解释变量	模型（1）	模型（2）	模型（3）
$TA_{i,t}$	-0.376	0.278	$-0.660\,^{*}$
	(-1.369)	(0.833)	(-1.897)
$ROE_{i,t}$	$-0.189\,^{***}$	$-0.269\,^{***}$	$-0.222\,^{***}$
	(-5.517)	(-4.071)	(-5.430)
$NPL_{i,t}$	$-0.357\,^{***}$	-0.138	$-0.462\,^{***}$
	(-3.840)	(-0.758)	(-4.232)
$\Delta LOAN_{i,t}$	-1.545	-2.402	0.053
	(-1.132)	(-1.447)	(0.033)
$PRO_{i,t}$	$3.716\,^{***}$	$5.643\,^{***}$	$4.478\,^{***}$
	(4.646)	(3.925)	(4.691)
AR（2）	0.899	0.189	0.720
Sargan	1.000	1.000	1.000

注：解释变量为 $BUF_{i,t}$；＊＊＊、＊＊、＊分别代表在1%、5%和10%的置信水平下显著；括号内为稳健性标准差调整后的 t 值；数据采用小数点后三位四舍五入。模型（1）为全样本估计结果，模型（2）为大型银行和股份制银行的估计结果，模型（3）为城市和农村商业银行样本估计结果。

3.4　本章小结

逆周期资本缓冲对不同驱动因素所导致顺周期效果是存在差异的。从逆周期监管角度来看，经济周期对资本缓冲所产生的综合反映并不能有效指导宏观审慎管理部门开展逆周期监管工作的实施。因此，本章阐述了银行顺周期性行为因素，并对我国银行资本缓冲周期性以及内在形成因素进行了实证检验。在检验我国资本缓冲周期性方面，本章发现城市和农村商业银行与大型银行和股份制银行在资本缓冲周期性形成机制方面存在一定的差异。总体而言，我国大型银行和股份制银行资本缓冲具有显著的逆周期性，而城市和农村商业银行具有显著顺周期性。进一步分析发现虽然我国银行繁荣时期会通过利润补充资本提高资本缓冲水平，但在繁荣时期银行通过利润补充资本行为提升资本缓冲效应未能有效弥补繁荣时期银行贷款增加所带来的资本缓冲下行压力。我国银行在繁荣时期面临资本补充不足和资本消耗过高的问题。因此，繁荣时期监管部门需要对银行，特别是对于外源融资渠道狭窄的城市和农村商业银行进一步加强利润分配的宏观审慎管理，提高银行内源融资能力，增强银行体系在繁荣时期提高资本缓冲的动力。经济繁荣时期，我国大型银行和股份制银行的资本监管的约束力会显著降低；而城市和农村商业银行面对自身平均风险加权资产上升情况会增加自身资本缓冲，但在繁荣时期，这种效应也会显著下降。因此，本章实证结果认为大型银行和股份制银行实施逆周期资本缓冲的迫切性要高于城市和农村商业银行。对于城市和农村商业银行，监管部门应进一步完善逆周期框架，抑制城市和农村商业银行在繁荣时期增加风险承担的冲动，进一步促使其表现出逆周期性，增强在经济波动中的稳健性。

4. 逆周期资本缓冲作用机制与实证检验

本章内容主要包括以下两个方面：一是探讨逆周期资本缓冲的作用机制；二是基于逆周期资本缓冲在我国尚未实施、但逆周期资本缓冲实施导致监管压力必然增大这一事实，通过考察监管压力与银行资本缓冲和信贷扩张的关系，以检验我国逆周期资本缓冲政策实施的有效性。2010 年 9 月，巴塞尔协议 Ⅲ 推出了区间范围为 0～2.5% 的逆周期资本缓冲作为宏观审慎管理工具之一，意图进一步提升商业银行的稳定性，防范系统性金融风险。虽然我国逆周期资本缓冲计提和运用细则尚未公布，但我国在 2011 年出台的《中国银行业实施新监管标准指导意见》（银监发〔2011〕44 号）和 2012 年出台的《商业银行资本管理办法（试行）》均提出了逆周期资本缓冲工具。逆周期资本缓冲作为防范系统性风险的宏观审慎工具得到了社会各界的认可，引起了广泛的讨论。已有许多文献对资本缓冲周期性及其对商业银行资产负债的影响进行了深入研究，并在逆周期资本的框架设计、运行机制等方面进行了深入的研究（李文泓，2009；杨柳等，2012；陈忠阳和刘志洋，2014）。但由于现阶段我国逆周期资本缓冲机制的构建还处在探索完善的阶段，时间序列方面的数据较为缺乏，故讨论我国逆周期资本缓冲实施有效性的文献以及实证研究并不多。邹传伟（2013）对资本监管顺周期性条件进行了总结：一是风险权重随着经济上行而下降，经济下行而上升；二是当风险权重上升时，银行选择收缩信贷的方式而不是补充资本的方式满足最低资本监管要求；三是企业在银行信贷紧缩后只能减少投资，产出降低。根据巴塞尔委员会的设定，逆周期资本缓冲的主要目标是在信贷周期处于上升区间时，宏观审慎部门计提资本缓冲；当信贷周期处于下行区间时，可给予释放缓冲资本，从而吸收损失，防止银行体系因监管资本要求而造成信贷紧缩。对于逆周期资本缓冲实施增加银行经营成本，从而抑制信贷是逆周期资本缓冲实施的附加效应。因此，本章主要是通过实证研究我国逆周期资本缓冲实施是否能够提高商业银行吸收损失的能力，与此同时兼备抑制信贷过度扩张的"副作用"。

4.1　逆周期资本缓冲防范银行系统性风险作用机制

4.1.1　逆周期资本缓冲目的

针对金融体系的顺周期性，巴塞尔协议Ⅲ提出了逆周期资本缓冲以应对金融体系的顺周期性，从而降低金融体系的扩大效应，防范系统性风险。FSB（2009）认为逆周期资本缓冲的目标是银行通过逆周期资本缓冲能建立资本，从而使其在糟糕阶段吸收损失。BCBS（2010c）提出，当经济进入低迷时期，由于前期信贷过度增长，银行遭受的损失是十分巨大的，从而导致实体经济的衰退。这反过来又会进一步动摇银行业。这些相互联系凸显出银行在信贷过度增长时期建立资本的特殊重要性。与此同时，还能够帮助保持银行信贷适度增长的附加益处（Additional Benefit）。Drehmann等（2010）总结了设计逆周期资本缓冲的一些经验。他们认为逆周期资本缓冲的直接目的就是鼓励银行在繁荣时期建立缓冲，在下行时期释放资本缓冲。由此可以看出，逆周期资本监管针对的是巴塞尔协议Ⅱ资本监管的顺周期性（邹传伟，2013）。逆周期资本缓冲的目的是非常明确的，设定和实施逆周期资本缓冲是为了防范由于资本监管所导致的顺周期性，确保银行有一个缓冲的资本保护它应对未来的潜在损失。逆周期资本缓冲在于实现在过度信贷增长时期保护银行的宏观审慎目标。

4.1.2　逆周期资本缓冲作用机制

从逆周期资本缓冲的目的来看，逆周期资本缓冲机制主要是通过资本的增加增强银行体系稳定性，达到维护银行稳定、防范系统性风险的目的。故逆周期资本缓冲的作用机制在于：在经济繁荣时期，在包括资本监管等各类顺周期因素影响下，资本监管对信贷约束降低，银行信贷过度扩张，积累系统性风险。在繁荣时期计提逆周期资本缓冲，提高资本要求，以应对未来可能出现的损失。此外，由于在经济繁荣时期，银行资本的筹集成本较低，更加有利于银行补充资本。与此同时，计提逆周期资本缓冲必然增加银行信贷的成本，也可在一定程度上抑制信贷过快增长。巴塞尔协议Ⅲ所提出的逆周期资本缓冲的实施有着清晰的逻辑，即经济周期处于上升阶段，资本监管顺周期性导致信贷扩大，进而又作用于经济上涨。逆周期资本缓冲在经济周期上升期实施，能够提高商业银行吸收损失的能力。而当经济处于下行时期释放，抑制资本监管对信贷的约束作用。从逆周期资本缓冲的作用机制来看，逆周期资本缓冲不是消除资本监管的顺周期性效应，而是在信贷过度增长过程中更多地积累资本，达到抑制资本监管顺周期性可能产生的危害，从而防范系统性风险发生。

当然，逆周期资本缓冲机制产生效果需要一定的条件。邹传伟（2013）通过1980—2010年全球企业违约率数据，运用数值模拟的方法发现，巴塞尔协议Ⅲ逆周期资本缓冲可以降低银行破产概率并能够消除一部分顺周期影响，逆周期资本缓冲对不同机制产生的顺周期存在差异，其对由于企业信用机制产生信贷顺周期性的有效性较高，而对资产价格引发信贷顺周期性的效果有限。Hanson等（2010）认为随时间变化的资本要求可以使得银行在负面冲击情况下降低其资本缓冲并且持续经营以减少紧缩资产的压力，但随时间变化的资本要求遭遇的挑战是在糟糕时期，监管资本要求常常不是一个紧约束。

4.1.3　逆周期资本缓冲的实施

BCBS（2010c）根据世界各国宏观经济运行与其银行危机之间的关系进行了研究，并认为信贷/GDP指标是判断一个国家信贷过度扩张以及系统性风险积累较好的指标，故其将该指标与其自身长期趋势值的偏离作为逆周期资本缓冲触发指标。BIS（2010）认为逆周期资本缓冲应该有两个相互关联的指标：一是通过增强银行的弹性，抵御冲击，限制银行系统大规模相互联系（Large – Scale Strains）的风险；二是限制银行系统放大经济波动。但在多数情况下，这两者之间区别并不明显。一般而言，金融体系在遭受巨大损失的时候，诱发银行信贷紧缩和资产大规模出售将对宏观经济造成较大影响。对于逆周期资本缓冲方案评估而言，如果以第一个目标而言，那么在经济紧缩时期，即使资本缓冲的下降能够缓解信贷紧缩，但对于银行资本缓冲下降的容忍度是非常有限的。故判断指标合理性主要包括：银行总的贷款损失的衡量以及银行是否受到信贷约束。Simo Kalatie等（2015）利用欧盟银行的数据，发现除了信贷/GDP缺口指标外，家庭信用/GDP缺口和其变形同样是预测银行危机最好的指标，他们推荐将家庭信贷/GDP缺口和信贷/GDP缺口作为衡量信贷增长的指标。巴塞尔协议Ⅲ实施后，对逆周期资本缓冲的计提和释放条件存在较大的分歧。这背后则是对经济周期和金融周期判别方法的分歧（王兆星，

2013）。从挂钩变量来看，挂钩变量必须能够有准确地把握逆周期资本缓冲计提和释放的时间，这实际上也就要求挂钩变量能够鉴别经济周期或者说信贷风险积累期间和信贷风险爆发的时间。与此同时，逆周期资本缓冲的实施以及挂钩变量必须简单和透明。逆周期资本缓冲规则如何设计却没有形成一致意见（李文泓，2013）。

4.2　逆周期资本缓冲与一般资本缓冲的关系

4.2.1　银行持有资本缓冲的目的

在完美市场假设下，商业银行无须持有资本缓冲。然而，商业银行在实际经营过程中，一般都会持有一定的资本缓冲。许多学者从不同角度对商业银行持有资本缓冲进行了解释。从融资角度来看，资本缓冲能够避免市场纪律约束下的融资成本上升（Lindquist，2004）。由于银行和储蓄者之间存在信息不对称，资本缓冲的多少能够作为衡量银行风险大小的一个信号，存款者对于更高风险（低资本缓冲）的银行会要求更高的回报。故商业银行通过持有资本缓冲降低其风险，能够降低自身的融资成本。从监管方面看，持有资本缓冲可以防范违反最低资本要求监管而受到的惩罚（Jokipii 和 Milne，2008；Stolz 和 Wedow，2011）。当监管部门的资本要求发生变化时，由于商业银行在实际运行中，调整资本和风险会受到各种因素的影响，如果没有资本缓冲，将可能受到处罚。从吸收损失方面来看，资本缓冲可以抵挡信贷风险，有效化解银行经营过程中遇到的负面冲击（Nier 和 Baumman，2006），从而降低破产风险。从成本收益考虑，商业银行持有资本缓冲的多少与其持有资本缓冲的成本、未来收益以及商业银行的风险偏好有着密切关系。当商业银行资本较便宜、预期未来投资机会较多或者商业银行选择较为稳健的经营策略情况下，商业银行会持有更多的资本缓冲。

4.2.2　逆周期资本缓冲与资本缓冲的联系与区别

（一）逆周期资本缓冲与资本缓冲的相同之处

逆周期资本缓冲具有一般资本缓冲的特征。假设商业银行已持有的资本缓冲高于监管部门强制要求计提的逆周期资本缓冲。首先，在商业银行强制实施逆周期资本缓冲工具后，由于逆周期资本缓冲从本质上具有资本缓冲一般性质，故其可维护存款人信心，减少双方信息不对称。因此，站在银行的角度来看，银行用于衡量自身风险信号，从而减少融资成本而持有的资本缓冲总额没有发生变化。其次，由于逆周期资本缓冲主要目的就是用于经济下行时吸收损失，故计提逆周期资本缓冲后，用于吸收损失目的的资本缓冲并未发生变化。可以发现，与一般商业银行持有的资本缓冲相比，商业银行持有逆周期资本缓冲能够达到如避免市场纪律约束下的融资成本上升、抵挡信贷风险化解外部负面冲击等作用。

（二）逆周期资本缓冲与资本缓冲的区别

逆周期资本缓冲与一般资本缓冲也有着较为明显的区别。逆周期资本缓冲是宏观审慎部门在特定情形下如有指标信号显示信贷增速超过正常范围、系统性金融风险上升时强制计提资本缓冲，在某些时期如经济下行情形下给予释放资本缓冲的宏观审慎管理工具，故其具有强制性。与一般资本缓冲的持有动机不同，逆周期资本缓冲并不由其根据自身经营状况进行计提，而是由宏观审慎管理部门从全局出发自上而下进行设置而计提的。从持有资本缓冲作用角度来分析一般资本缓冲与逆周期资本缓冲，其主要区别就在于逆周期资本缓冲为监管部门在特定时期强制计提，从而导致商业银行面临的资本要求增加，强制计提的逆周期资本缓冲不能用于预防违反最低资本要求监管，防范其受到惩罚。因此，逆周期资本缓冲降低了商业银行资本充足率与监管要求之间的距离，提高了其可能违反资本要求的概率，增加其所受到的监管压力。同样，逆周期资本的实施增加了商业银行资本要求，故逆周期资本缓冲不能作为用于为未来投资而持有的资本缓冲。[①]

4.3 逆周期资本缓冲与监管压力的关系

逆周期资本缓冲抑制金融系统性风险的逻辑在于，在经济上行阶段，随着信贷需求增加、预期向好以及内部评级法等因素影响，商业银行资本充足率随之上升、持有资本缓冲的动力下降，促使商业银行降低自身资本缓冲，扩大风险资产规模，增加资本消耗。宏观审慎部门实施逆周期资本缓冲，促进银行增加资本缓冲，提高了银行稳健性，同时抑制了信贷过快增长。逆周期资本缓冲

[①] 由于影响我国商业银行投资的因素非常多，故本书验证逆周期资本缓冲有效性主要通过考察监管压力渠道，而未考察因逆周期资本缓冲计提而导致为未来投资而持有的资本缓冲下降的影响渠道。

最直接的目标是鼓励银行在经济向好时期增加缓冲，在经济下行时期释放缓冲。虽然逆周期资本缓冲意图在为商业银行提供额外的资本缓冲，但如果实施逆周期资本缓冲不能对商业银行持有资本缓冲的动机产生影响，那么实施逆周期资本缓冲并不必然对商业银行资本缓冲实际调整行为产生影响，也不必然提高信用中介成本。逆周期资本缓冲的有效性最终需要计提的逆周期资本缓冲对商业银行调整自身资本缓冲和风险资产配置行为产生显著影响，从而在宏观上达到防范系统性风险的目的。假设商业银行主要是基于减少信息不对称、降低融资成本、吸收损失、避免特许权价值丧失等目的而持有 3% 的资本缓冲，而并非为防范违反最低资本要求的目标而持有资本缓冲，实施 1% 的逆周期资本缓冲将改变商业银行资本缓冲的结构，但并未对商业银行持有资本缓冲的目的产生影响，商业银行没有动力改变自身的资产缓冲。在这种情况下，计提逆周期资本缓冲对提升商业银行的弹性、进一步抑制信贷增长则不会产生影响。如果我们假设银行持有 3% 的资本缓冲的目的完全是出于防范违反最低资本要求监管的目的，避免自身受到惩罚。监管部门实施 1% 的逆周期资本缓冲将进一步减小商业银行资本充足率与最低资本监管要求之间的区间距离，增加了违反资本要求监管的概率，商业银行面临更大的资本监管压力。在这种情况下，计提逆周期资本缓冲可能会促使商业银行调整资本缓冲，以缓解自身所受到的资本监管压力。所以逆周期资本缓冲有效性必须考虑到商业银行持有资本缓冲的目的，其有效性须建立在逆周期资本缓冲的实施可以改变商业银行最优资本缓冲基础之上。故本章从商业银行持有资本缓冲的作用来看，如果商业银行持有资本缓冲的目标函数中存在监管压力变量，并且在整个周期内，商业银行对监管压力的敏感性不发生显著变化，那么计提逆周期资本缓冲的实施将导致监管压力增加，从而对银行资本缓冲调整行为产生影响。可以通过验证监管压力对商业银行资本缓冲调整行为以及信贷增长调整产生的影响，检验逆周期资本缓冲的有效性。

4.4　实证研究设计

在信贷高成长阶段，违约率往往会下降，进而导致银行资本的顺周期问题。逆周期资本缓冲旨在提高额外的资本，加强银行面对潜在贷款损失时的恢复能力。与此同时，额外的资本增加意味着商业银行贷款更为昂贵，从而降低信贷增速（Christoph Basten 和 Catherine Koch，2014）。为了检验我国商业银行逆周期缓冲的有效性，我们可以设定资本缓冲—监管压力模型，检验商业银行所承受的监管压力是否会促使增加资本缓冲，从而进一步增加银行体系吸收损失的能力；为了检验我国商业银行逆周期资本缓冲是否兼具抑制贷款扩张的"正面副作用"，设定贷款—监管压力模型，检验在监管压力作用下，商业银行信贷增长是否受到显著影响。

4.4.1　监管压力的衡量

参照以往文献，我们采用绝对缓冲带指标设置虚拟变量衡量商业银行所承受的监管压力（江曙霞和任婕茹，2009；Ediz et al.，1998；Nada Mora 和 Andrew Logan，2010）。绝对缓冲带指标指的是商业银行去除监管部门最低资本要求和样本期内商业银行资本充足率标准差后的数值。如果绝对缓冲带指标数值小于零，则说明商业银行正在承受监管压力，我们设定监管压力虚拟变量（P）为1；否则，设定监管压力虚拟变量（P）等于0。由于商业银行实际资本充足率和最低资本要求的距离如果在 0 ~ 2%，则表示商业银行受到的监管压力为预警压力；如果商业银行资本充足率与最低资本要求的距离小于零，则认为商业银行面临着惩罚压力（Rime，2001；朱建武，2006；王擎和吴玮，2012）。为此，本章分别设定预警压力（WP）和惩罚压力（PP）两个虚拟变量用于模型的稳健性检验。

4.4.2　资本缓冲—监管压力模型

根据前文的理论分析可知，商业银行如按监管部门要求计提逆周期资本缓冲，则其所受到监管压力将增大。商业银行逆周期资本缓冲的有效性的基础之一就是逆周期资本缓冲能够增加商业银行的资本缓冲，从而增加自身对损失的吸收能力。如果商业银行所受到的监管压力的增加会导致商业银行资本缓冲的增加，也就说明逆周期资本缓冲的计提能够提高资本缓冲，提高银行稳健性。为此，本章借鉴了 M. Tabak 等（2011）与 Nada Mora 和 Andrew Logan（2010）等文献的研究方法，设定了以下面板数据模型：

$$\Delta BUF_{i,t} = \alpha_i + \beta_1 P_{i,t-1} + \beta_2 CON_{i,t} + \beta_3 \lambda_t + \varepsilon_{i,t} \qquad (4.1)$$

为避免可能存在的内生性问题，模型的解释变量均滞后一期。$\Delta BUF_{i,t} = BUF_{i,t} - BUF_{i,t-1}$ 表示商业银行 i 在 t 时期资本缓冲的变动，P 为监管压力变量，是本章关注的重点。CON 为一组控制变量。由银行持有资本缓冲目的可知，影响商业银行最优资本缓冲的因素除了监管压力外，还包括信息不对称下的融资成本因素、投资成本、自身经营情况等。我们用资本收益率（ROE）控制商业银行资本成本可能对资本缓冲的影响；采用不良贷款比率（NPL）控制商业银行信贷风险；采用贷款损失准备（LLR）控制商业银行吸收损失能力对资本缓冲变动的影响；采用商业银行利息支出（EXP）控制商业银行风险溢价变化可能对资本缓冲变化的影响；采用银行资产的对数值（TA）控制规模因素对资本缓冲变动的影响。从银行自身经营环境来看，商业银行市场力量（MP）越大，竞争压力越小，声誉越高，信息不对称程度会下降，我们认为商业银行的市场力量可能也会影响到资本缓冲的变动。故本书采用市场力量（MP）指标控制商业银行与市场信息不对称可能对资本缓冲造成的影响。根据以往文献，我们采用银行市场结构即各银行总资产与银行业总资产之比平方（MP）衡量各个银行的市场力量（Williams B.，2007；Nguyen，2012；刘莉亚等，2014；张庆君和何德旭，2013）。

4.4.3 贷款—监管压力模型

由于资本缓冲的变动并不一定是由于实施逆周期资本缓冲所引起，故通常文献讨论资本缓冲与信贷的关系无法说明实施逆周期资本要求对于信贷是否产生影响。因此，本章对监管和信贷增长的关系进行研究，考察逆周期资本缓冲实施是否具有抑制信贷增长的"正面副作用"。参照 M. Tabak 等（2011）与 Nada Mora 和 Andrew Logan（2010）等文献，构建了以下基本模型检验逆周期资本缓冲能否抑制信贷膨胀。

$$\Delta LOAN_{i,t} = \alpha_i + \beta_1 P_{i,t-1} + \beta_2 CON_{i,t} + \beta_3 \lambda_t + \varepsilon_{i,t} \qquad (4.2)$$

为了避免可能存在的内生性问题，所有的解释变量均滞后一期。$\Delta LOAN_{i,t}$ 表示商业银行 i 在 t 时期的贷款增速，CON 为一组控制变量。我们用 TA、ROE、NPL、MP、LLR、IL、LDR 分别控制商业银行规模、资本成本、信贷风险、自身经营环境、市场力量、损失吸收能力、利息收入以及存贷比等因素可能对商业银行信贷增速产生的影响。

4.5 实证结果及分析

4.5.1 样本筛选和基本统计量

本章商业银行数据来自 Bankscope 数据库和各商业银行年报，银行业总资产规模数据来自银监会《银行业监管统计指标季度情况表》。样本区间为

2003—2014 年，共 104 家商业银行。①

表 4 - 1　　　　　　　　　　　　描述性统计

符号	定义	观测值	平均值	标准差	最小值	最大值
TCR	银行资本充足率（%）	743	12.48	3.86	-15.72	62.62
BUF	银行资本缓冲（%）	743	4.48	3.86	-23.72	54.62
TA	银行资产规模对数值	749	18.72	1.77	14.43	23.75
ROE	资本收益率（%）	751	17.46	8.21	-27.92	83.46
NPL	不良贷款率（%）	754	1.9	2.77	0	24.24
ΔLOAN	贷款增长率	642	0.19	0.13	-0.11	1.99
IL	净利息收入贷款比（%）	715	5.32	1.90	0.13	18.01
LLR	贷款损失准备（%）	748	2.83	1.55	0.05	22.02
MP	银行市场力量（单个银行资产规模/银行业总资产规模）	749	1.05	2.93	0.00	17.23
EXP	利息支出/存款（%）	740	2.23	0.88	0.17	6.98
LDR	贷存比（%）	748	54.04	11.38	19.40	89.42

4.5.2　资本缓冲—监管压力模型检验结果分析

在模型估计中，本章采用 Winsorize 方法对贷款增速和资本缓冲变量进行 1% 分位及 99% 分位的缩尾处理，以消除异常值对模型估计的影响。根据豪斯曼检验，拒绝随机效应模型。故方程 4.1 实证回归分析选取固定效应模型进行估计检验。表 4 - 2 为资本缓冲—监管压力模型的估计检验结果。模型（2）和模型（4）在控制了银行规模和不良贷款率的基础上，加入了资本收益率（ROE）、贷款损失准备（LLR）、总利息支出比率变动（EXP）以及表示商业银行市场力量指标（MP）可能对商业银行资本缓冲变动的影响因素。从表 4 - 2 模型（1）至模型（4）中监管变量的估计系数可以看出，监管压力与资本缓冲的变动表现出很强的敏感性，监管压力导致商业银行资本缓冲增长。加入其他可能对资本缓冲变动的影响因素后，监管压力和惩罚压力变量的系数虽然出现了下降，但系数显著性并未受到任何影响。从模型（3）和模型（4）结果可以看出，惩罚压力与预警压力相比较，对商业银行资本缓冲变动的影响更大。本章的实证结果表明，在逆周期资本缓冲的实施过程中，还应该考虑到

---

① 包括我国 5 家大型商业银行，即工、农、中、建、交等五大型银行，股份制银行 12 家，城市商业银行和农商银行 87 家。

资本缓冲大小对逆周期资本缓冲实施效力的影响。当商业银行资本充足率接近最低资本要求时，实施逆周期资本缓冲，商业银行承受的监管压力较大，对提高资本缓冲有较强的正向作用。如果监管部门仅根据信贷/GDP指标实施逆周期资本缓冲，但商业银行资本充足率距离最低监管要求较远，由于监管压力较低，商业银行增加资本缓冲压力也会降低，从而可能达不到实施逆周期监管政策所预期的效果。

表4－2　　　　　　　　资本缓冲—监管压力模型估计结果

解释变量	模型（1）	模型（2）	模型（3）	模型（4）
$P_{i,t-1}$	4.344 *** (5.319)	4.026 *** (4.308)		
$WP_{i,t-1}$			1.955 *** (3.307)	2.108 *** (3.048)
$PP_{i,t-1}$			3.126 *** (6.221)	2.237 *** (4.259)
$ROE_{i,t-1}$		0.049 ** (2.524)		0.083 *** (3.597)
$LLR_{i,t-1}$		－0.467 ** (－2.054)		－0.453 * (－1.978)
$MP_{i,t-1}$		－0.306 (－0.010)		－8.925 (－0.280)
$EXP_{i,t-1}$		16.320 (0.529)		22.987 (0.701)
$TA_{i,t-1}$	2.118 (1.505)	2.133 (1.318)	4.009 ** (2.076)	0.548 (0.329)
$NPL_{i,t-1}$	0.193 (1.650)	0.403 *** (3.096)	－0.005 (－0.173)	0.060 (0.937)
R^2	0.317	0.344	0.198	0.258

注：被解释变量为$\Delta BUF_{i,t}$；＊＊＊、＊＊、＊分别代表在1%、5%和10%的置信水平下显著；括号内为稳健性标准差调整后的t值；数据采用小数点后三位四舍五入；所有模型均控制时间效应。

本书进一步分两个子样本进行回归分析，检验分组情况下，监管压力对资本缓冲的影响。由表4－3结果可见，除城市和农村商业银行预警压力不显著外，其他结果与表4－2中的检验结果相一致。

表4-3   资本缓冲—监管压力模型分样本估计结果

解释变量	大型银行和股份制银行		城市和农村商业银行	
	模型 (1)	模型 (2)	模型 (3)	模型 (4)
$P_{i,t-1}$	4.613 *** (3.910)		3.274 *** (3.547)	
$WP_{i,t-1}$		1.813 * (1.920)		1.332 (1.497)
$PP_{i,t-1}$		2.109 ** (2.428)		2.405 *** (4.254)
$ROE_{i,t-1}$	-0.022 (-0.869)	0.021 (0.760)	0.064 * (1.817)	0.084 ** (2.335)
$LLR_{i,t-1}$	0.085 (0.359)	-0.123 (-0.356)	-0.544 * (-1.869)	-0.523 * (-1.802)
$MP_{i,t-1}$	-7.574 ** (-2.194)	-10.616 * (-1.906)	46.380 (0.442)	155.459 (1.510)
$EXP_{i,t-1}$	165.930 * (1.862)	186.673 (1.455)	3.430 (0.109)	7.629 (0.236)
$TA_{i,t-1}$	6.446 *** (3.218)	7.245 ** (2.395)	-0.538 (-0.462)	-0.644 (-0.553)
$NPL_{i,t-1}$	-0.346 (-1.346)	0.065 (0.202)	0.460 *** (2.980)	0.396 *** (3.503)
R^2	0.666	0.566	0.274	0.224

注：被解释变量为 $\Delta BUF_{i,t}$；＊＊＊、＊＊、＊分别代表在1%、5%和10%的置信水平下显著；括号内为稳健性标准差调整后的 t 值；数据采用小数点后三位四舍五入；所有模型均控制时间效应。

4.5.3 贷款—监管压力模型检验结果分析

表4-4给出了贷款—监管压力模型的估计结果。根据豪斯曼检验，拒绝随机效应模型。故式（4.2）模型的实证回归分析选取固定效应模型进行估计检验。由表4-4可见，资本缓冲的变动虽然与信贷增速存在负向关系，但并不显著。表4-4中模型（1）和模型（2）中监管压力指标（P）对商业银行贷款增速的影响均不显著；模型（3）和模型（4）中的预警压力（WP）以及惩罚压力（PP）对商业银行信贷增速也未表现出显著性。由此可见，监管压力对我国商业银行信贷增速并没有抑制作用。我国商业银行信贷扩张主要受其规模和存贷比的影响。

表 4 - 4　　　　　　　　　　　　　　贷款—监管压力模型

解释变量	模型（1）	模型（2）	模型（3）	模型（4）
$P_{i,t-1}$	−0.017 （−1.102）	−0.010 （−0.631）		
$WP_{i,t-1}$			−0.004 （−0.268）	−0.004 （−0.295）
$PP_{i,t-1}$			−0.002 （−0.131）	0.005 （0.328）
$ROE_{i,t-1}$		−0.001 ** （−2.491）		−0.001 *** （−2.751）
$LLR_{i,t-1}$		−0.006 * （−1.820）		−0.006 （−1.612）
$MP_{i,t-1}$		−0.001 （−0.001）		−0.012 （−0.015）
$IL_{i,t-1}$	1.303 *** （2.832）	1.506 *** （3.239）	1.374 *** （3.071）	1.532 *** （3.439）
$TA_{i,t-1}$	−0.288 *** （−5.510）	−0.290 *** （−5.401）	−0.292 *** （−5.762）	−0.291 *** （−5.551）
$NPL_{i,t-1}$	−0.003 ** （−2.306）	−0.002 （−0.941）	−0.004 ** （−2.187）	−0.003 （−0.977）
$LDR_{i,t-1}$	−0.633 *** （−4.485）	−0.649 *** （−4.684）	−0.642 *** （−4.615）	−0.654 *** （−4.816）
R^2	0.529	0.54	0.527	0.540

注：被解释变量为 $\Delta LOAN_{i,t}$；＊＊＊、＊＊、＊分别代表在1%、5%和10%的置信水平下显著；括号内为稳健性标准差调整后的 t 值；数据采用小数点后三位四舍五入；所有模型均控制时间效应。

　　从分样本来看，我们发现在大型银行和股份制银行样本中，资本缓冲的变动与信贷增长存在非常显著的负相关关系。资本缓冲变动越大，商业银行信贷增速越慢。这表明大型银行和股份制银行信贷受到资本缓冲变动的显著性抑制。但由于资本缓冲的变动并不总是由逆周期资本缓冲的实施而变动，并不能由资本缓冲变动与信贷增长之间显著负相关性而得出逆周期资本缓冲对信贷的影响。从实证角度来看，资本缓冲对信贷增长的影响如果是由于监管压力原因，那么在模型中控制了监管压力，则资本缓冲变动对信贷增长的影响幅度会下降。表 4 - 5 模型（2）和模型（3）检验了在加入监管压力因素后，大型银行和股份制银行资本缓冲变动对信贷增速的影响。从检验结果来看，资本缓冲变动的显著性和系数并未受到影响。这也表明，监管压力并不是资本缓冲变动对信贷增速具有显著性影响的原因。本章还采用 WP 和 PP 指标作为稳健性分析，检验结果同样显示 WP 和 PP 作为控制变量加入模型后，资本缓冲变动对信贷增速的影响并未发生改变。由此可见，大型银行和股份制银行的资本缓冲变动对信贷扩张虽存在显著的负相关性，但监管压力对商业银行信贷的影响并不显著。由此可见，大型银行和股份制银行实施逆周期资本缓冲对其信贷扩张并没有显著性的抑制作用。与大型银行和股份制商业银行类似，城市和农村商业银行信贷行为主要受到贷存比和银行规模等因素的影响，但其资本缓冲变动对信贷增速并未表现出显著性影响。由表 4 - 5 的模型（5）和模型（6）可见，监管压力（P）系数在加入其他控制变量后，由 5% 水平下显著也转变为不显著。综合以上结果分析，从总体来看，本书认为监管压力对我国商业银行信贷增速的影响并不显著，逆周期资本缓冲抑制信贷过度扩张这一"正面副作用"在我国效果可能并不明显。

表 4 - 5　　　　　　　　　贷款—监管压力分样本模型

解释变量	大型银行和股份制银行			城市和农村商业银行		
	模型（1）	模型（2）	模型（3）	模型（4）	模型（5）	模型（6）
$\Delta BUF_{i,t-1}$	- 0.004 ** (- 2.816)		- 0.004 *** (- 2.329)	- 0.001 (- 0.256)		- 0.001 (- 0.304)
$P_{i,t-1}$		- 0.027 (- 1.257)	- 0.023 (- 1.023)		- 0.017 (- 1.026)	0.002 (0.108)
$ROE_{i,t-1}$			0.001 (1.228)			- 0.002 * (- 1.797)
$LLR_{i,t-1}$			- 0.014 (- 1.036)			- 0.016 *** (- 2.264)
$MP_{i,t-1}$			- 1.899 ** (- 2.482)			- 20.853 (- 0.732)
$IL_{i,t-1}$	0.909 (1.227)	1.067 (0.754)	1.268 (1.178)	0.546 (0.956)	1.333 ** (2.568)	0.828 (1.625)
$TA_{i,t-1}$	- 0.294 *** (- 7.352)	- 0.326 *** (- 10.477)	- 0.291 *** (- 7.369)	- 0.305 *** (- 5.309)	- 0.264 *** (- 3.458)	- 0.304 *** (- 4.650)

续表

解释变量	大型银行和股份制银行			城市和农村商业银行		
	模型（1）	模型（2）	模型（3）	模型（4）	模型（5）	模型（6）
$NPL_{i,t-1}$	0.036*	-0.001	0.051***	-0.007**	-0.005**	-0.003
	(2.010)	(-0.831)	(3.276)	(-2.201)	(-2.097)	(-1.212)
$LDR_{i,t-1}$	-0.383**	-0.496***	-0.419**	-0.918***	-0.680***	-0.917***
	(-2.463)	(-4.225)	(-2.735)	(-4.475)	(-3.716)	(-4.787)
R^2	0.819	0.842	0.831	0.433	0.448	0.458

注：被解释变量为 $\Delta LOAN_{i,t}$；＊＊＊、＊＊、＊分别代表在1%、5%和10%的置信水平下显著；括号内为稳健性标准差调整后的t值；数据采用小数点后三位四舍五入；所有模型均控制时间效应。

在 2010 年，中国银监会对大型银行资本充足率要求为 11.5%[①]，2012 年所公布的《商业银行资本管理办法（试行）》尽管明确了大型银行和中小银行分别为 11.5% 和 10.5% 的最低资本要求，但与 2010 年监管政策并无变化（金鹏辉等，2014）。故为了稳健起见，本章在考虑了 2010 年监管资本政策变化后重新计算监管压力以及银行资本缓冲，并对模型进行估计和检验。由于篇幅所限，本章没有列出重新计算监管压力以及银行资本缓冲后的模型实证回归和检验结果，其结果与本章上文所列模型回归结果并无明显变化。

4.6　本章小结

本章分析了逆周期资本缓冲的实施作用机制，逆周期资本缓冲的计提对商业银行而言，意味着资本监管压力的上升，商业银行可能因此而调整自身资本缓冲，从而增强商业银行的稳健性，抑制贷款过快上涨，实现防范银行业系统性风险的目标。通过验证商业银行监管压力对资本缓冲以及信贷增速的影响可判断和分析逆周期资本缓冲实施的有效性。本章的实证结果表明：（1）监管压力对我国商业银行资本缓冲能够产生显著的正向影响。银行在监管压力上升情况下会调整资本缓冲，提高自身资本缓冲水平，有利于维护银行稳健性。（2）在实证研究中发现，预警压力和惩罚压力对商业银行提高资本缓冲的正向影响存在明显差异。从这点来看，逆周期资本缓冲工具在实施和释放逆周期资本缓冲过程中，应该考虑到不同监管压力对逆周期资本缓冲实施效力的变

---

① 《2010 年大型银行监管工作意见》（银监发〔2010〕15 号）。

化。（3）监管压力对商业银行信贷增长未有显著影响。由以上结论可见，逆周期资本缓冲的实施能够通过提高商业银行的监管压力对资本缓冲调整行为产生影响，从而提高银行的损失吸收能力，进而防范银行系统性风险。但对于抑制贷款扩张这一"正面副作用"，我国逆周期资本缓冲的效果可能并不明显，监管部门需要采用其他宏观审慎工具来抑制商业银行信贷过度膨胀。

5. 系统重要性银行与
系统重要性资本附加作用机制

从截面维度来看，防范系统性风险的主要目的是防范风险在机构和不同市场中的传染，从而防止造成普遍性的冲击和风险的扩大。防范系统重要性机构风险是从截面维度防范系统性风险的核心内容。限制系统重要性机构的高风险业务和风险暴露限制等措施是从限制系统性风险的传染渠道抑制系统性风险。从系统重要性机构的特征来看，其具有巨大的负外部性和道德风险，在金融体系中处于核心地位，易导致风险在金融系统中传播和扩大。特别是美国雷曼兄弟公司和美国国际集团向人们展示了单个机构在金融市场中如何触发传染效应和共同冲击并影响到金融体系甚至整个经济的情形。因此，防范系统重要性机构过度风险承担，提高系统重要性银行稳健性，防止其破产本身就是防范系统性风险的重要一环。从巴塞尔协议Ⅲ可以看出，系统重要性银行是其政策施加的重要载体。宏观审慎资本监管针对系统重要性银行实施资本附加，其作用机制就在于促使系统重要性银行内部化成本，降低道德风险，降低系统重要性银行破产概率。但宏观审慎资本监管的实施可能产生非预期效应。因此，本章探讨系统重要性银行风险特征，采用指标法和市场法对银行的系统重要性进行评估，并深入分析宏观审慎资本监管防范系统重要性银行风险作用机制和可能产生的非预期效应。

5.1 系统重要性机构风险

5.1.1 系统重要性银行的提出

2008 年国际金融危机的发生，改变了人们以往的认识。大型金融机构成为金融危机的助推者和受害者。监管部门未能有效阻止大型金融机构风险过度承担，缺乏相应的手段阻止危机由大型机构扩大到整体金融体系。2009 年 G20匹兹堡峰会第一次提出系统重要性银行"大而不能倒"的重要性。系统重要性机构指的是在金融市场具有关键功能，其陷入困境或者倒闭所带来的影响会给金融体系造成巨大损害并对实体经济造成广泛干扰的机构。正是由于其具有巨大的负外部性和传染性，导致政府不能对其的倒闭坐视不管，从而产生了所谓的"大而不能倒"的问题。FSB（2010）将系统重要性机构描述为具有负外部性，且由于规模、复杂程度以及系统关联度在市场中承担关键功能，其破产会给金融系统带来包括核心金融功能中断、金融服务成本上升的系统性风险，并进一步威胁金融稳定，破坏实体经济的机构。从金融危机来看，在危机中暴露出的 1.1 万亿美元损失中，有 1/3 集中在五家银行（中国银监会课题组，2010）。何德旭和钟震（2013）认为系统重要性机构的概念未达成一致，其有着较多的内涵。从不同的角度，如负外部性、规模、关联度等方面均能够对系统重要性进行解释。他们认为系统重要性机构是具有规模、市场重要性和关联度的机构，其危机会对金融系统产生重大冲击并可能造成实体经济受损的机构。从系统重要性机构定义来看，其有两层核心含义：一是其具有关键功能，具有服务实体经济的重要功能，如支付清算、结算、存款、信息等；二是其风险具有传染性和扩大效应。此类机构对金融体系的冲击不仅仅限于银行业，还可能会扩大到金融市场。系统重要性金融机构由于在规模、复杂度和相互关联度等方面比一般银行更大，造成其在金融体系中具有更强的风险传染性，其倒闭将会造成金融体系重大创伤。故宏观审慎管理部门对系统重要性机构十分重视。从国内来看，中国银行在 2011 年入选全球系统重要性银行，中国工商银行也在 2013 年 11 月入选全球系统重要性银行，中国农业银行在 2014 年入选全球系统重要性银行。2015 年 11 月，金融稳定理事会（FSB）把中国建设银行纳入全球系统重要性银行名单。至此，我国工、农、中、建四大国有银行全部位列全球系统重要性银行。2018 年 7 月，巴塞尔委员会发布了修订后的全球系统重要性银行（G - SIBs）监管文件——《全球系统重要性银行：修订后的评估方法和附加损失吸收能力要求》。2018 年 11 月，中国人民银行、中国银保监会和中国证监会联合发布了《关于完善系统重要性金融机构监管的指导意见》，明确系统重要性金融机构是指因规模较大、结构和业务复杂度较高、与其他金融机构关联性较强，在金融体系中提供难以替代的关键服务，一旦发生重大风险事件而无法持续经营，将对金融体系和实体经济产生重大不利影响，可能引发系统性风险的金融机构。2019 年 1 月，人民银行会同银保监会起草了《系统重要性银行评估办法（征求意见稿）》，采用定量评估指标计算系统重要性得分。

5.1.2 系统重要性银行的风险特征

（一）道德风险问题严重

从理论上而言，虽然有学者认为大型机构对待风险更为审慎，如 Boyd 和 Prescott（1986）认为由于大型机构拥有规模优势和范围经济，故其能够更好地分散风险。Boyd 等（2004）认为大型金融机构能够通过其市场地位增加自身利润，从而加强资本缓冲降低脆弱性。Keeley（1990）则认为大型金融机构由于具有非常高的特许权价值，破产将带来较大成本损失，因而其会更为谨慎。而特许经营权较低的银行则没有这样的考虑。Benjamin M. Tabak 等（2013）运用 17 个拉美国家 2001 年到 2008 年的数据检验了银行规模和市场集中度对银行表现和风险的影响。他们发现没有支持拉美大的银行更脆弱的证据，系统重要性机构似乎在成本和利润方面比其他银行表现更好而不需要承担更高的风险。"大而不能倒"的道德风险没有发生在拉美大银行身上。而市场集中会导致成本和风险负影响，他们认为监管者应该通过减少大银行和小银行规模差距应对市场集中而不仅仅是特别应对系统重要性银行。但与此同时，更多的学者认为大型机构存在着更大的风险。系统重要性机构具有的道德风险，促使其过度承担风险，增强了金融体系的脆弱性。Stern Gary H. 和 Feldman Ron J.（2004）就指出，某些机构由于规模和在金融系统的重要性，其倒闭会给其他机构以及整个金融体系乃至经济带来巨大风险，因此不得不对其提供保护。早在美国大陆伊利诺伊银行在 1984 年面临倒闭时，美国联邦保险公司基于其关联银行众多，给予公开救助，保证大陆伊利诺伊银行持续经营。该银行在当时为美国第七大储蓄贷款机构。这标志着"大而不能倒"问题的产生（Robert A. Hetzel，1991）。美国政府认为大陆伊利诺伊银行倒闭会影响到其他小银行的经营，并进一步威胁到美国银行体系。此事件也成为金融当局救助大型金融机构的一个通行措施。"大而不能倒"存在的原因主要在于，由于这类大型机构存在非常大的负外部性，并在一定程度上具有提供公共产品的特性，监管当局从金融体系大局出发，对大型机构的倒闭均保持着非常审慎的态度。Goodhart 和 Schoenmaker（1995）发现，在 20 世纪八九十年代发生的银行危机中，104 家银行中有 73 家银行获得救助，由此可见银行获得救助的比例非常高。对大型机构的救助一方面维护金融的稳定，但另一方面也造成大型机构从事高风险业务激励。Haldane（2010）发现大型银行能够获得更多的政府救助，在国际金融危机爆发后，全世界 145 家资产超过 1000 亿美元的银行获得超过政府救援的 90%。Farouk Soussa（2010）指出系统重要性机构凭借政府不能让其倒闭的优势，进行高风险投资，并在陷入危机后向高管发放高额薪酬。这些机构由于"大而不能倒"和监管部门对此类机构的宽容导致过度风险承担。政府隐性担保鼓励"大而不能倒"机构更倾向于过度承担风险。当银行承担风险所获得的收益归于股东和银行经营者、而其损失则由政府负担时，这种激励机制促使银行有更大的冲动投资高风险项目。对于系统重要性机构而言，本章借鉴哈维尔·弗雷克斯和让·夏尔·罗歇（2014）两期静态模型，说明道德风险问题。银行的简化资产负债恒等式为 $L = E + D$，即贷款等于股本和存款之和。假设银行在 $t = 0$ 时期贷款为 L；在 $t = 1$ 时期，贷款为 $\hat{L}$。由于其"大而不能倒"，银行如果出现危机，政府会提供救助，帮助银行重新恢复经营。即在 $t = 1$ 时期，政府给予银行的救助支付为 $\max(0, D - \hat{L})$。因此，在 $t = 1$ 时期，银行清算价值为

$$\hat{V} = \hat{L} - D + \max(0, D - \hat{L}) \tag{5.1}$$

在式（5.1）中，采用 $L - E$ 代替 D，得到

$$\hat{V} = E + (\hat{L} - L) + \max(0, D - \hat{L}) \tag{5.2}$$

D 为银行存款。假设 $\hat{L}$ 取值有两种可能性：当贷款成功概率为 θ，其价值为 X；失败概率为 $(1 - \theta)$，价值为 0。在此情况下，可以发现，股东的预期利润为

$$\prod \overset{def}{=} E(\hat{V}) - E = (\theta X - L) + (1 - \theta)D \tag{5.3}$$

从式（5.3）可见，银行股东预期利润为贷款净现值和政府给予银行的救助支付。当银行自主决定融资项目 (θ, X) 时，在净现值 $(\theta X - L)$ 相同项目中，银行会选择成功概率 θ 最小或者风险最高的项目。

道德风险促使金融机构更为冒险和激进，激发了银行的冒险动机，降低贷款标准，承担过度风险但其却不受损失，并且还弱化了银行利益相关者对金融机构的制约。从存款人来看，其引发了存款人的监督作用下降，社会非理性对系统重要性机构不加辨别，弱化市场约束。当系统重要性机构发生危机后，债权人等市场参与者对政府救助的预期又产生新的道德风险。这些因素的叠加，导致政府处于维护金融体系稳定而对系统重要性银行进行兜底，道德风险在不断累积。系统重要性银行还具有复杂的管理条块和复杂的业务。复杂的管理模式可能导致系统重要性机构在内部的风险管理上出现漏洞。而复杂的业务模式

则可能在转移风险或者规避监管过程中，进一步生成系统性风险。如在2008年国际金融危机中，大型机构在混合浮动计息方式的次级贷款基础上，对其证券化从而创造出更多的金融产品。从金融危机前来看，美国的投资银行和大型商业银行从2000年到2007年的杠杆率在不断升高。美国的投资银行的杠杆率由于缺乏监管，杠杆比例更高。2007年，美林集团杠杆比率为31.9，雷曼兄弟公司杠杆比率为30.7，美国花旗集团杠杆比率也达到了19.3。正是由于这些原因，加强此类机构的有效监管成为金融危机后金融监管改革的共识。

（二）巨大的负外部性

系统重要性机构更大的风险来自其巨大的负外部性。在20世纪20年代，庇古就论述了私人成本与社会成本，从而提出市场失灵中政府干预的合理性。外部性一般指的是行动或者决策影响到其他人，使得其受损或者受益，也可以称其为外部效应或者外部影响。一般分为正外部性（Positive Externality）和负外部性（Negative Externality）。正外部性指的是行为使得他人收益，其行为低于社会最优水平。而负外部性指的是行为造成了他人的损失，但却没有为此承担代价，故其负外部性的行为高于社会最优的水平。市场中的负外部性导致帕累托无效率。根据科斯定理，外部性可以通过市场谈判达到帕累托最优，但由于交易成本过高，通过市场方式难以解决金融市场的负外部性。故在金融领域，政府大多采用管制的方法。庇古所提出的征税实际上就是促使外部性内部化。但庇古税实施的困难在于难以估计边际损害函数，故难以找到合理的税率水平。2008年国际金融危机深刻地表明，大型机构不仅没有稳定市场，反而在危机中表现出巨大的负外部性，直接威胁金融体系的安全。按照经济学理论，对于系统重要性机构，其在经营过程中基于自身利益出发，只考虑到其私人成本，而没有考虑到其经营或者倒闭所带来的社会成本，造成的结果是系统重要性机构过度承担风险。解决外部性的方法有：征税或者补贴、政府管制以及产权界定。在金融监管中，政府管制有着最为广泛的运用。政府可以通过直接管制限制机构产生负外部性的数量或者方式，也可以出台规定或禁止某些行为来解决外部性。从系统重要性银行来看，其外部性体现在其金融体系中与其他机构有着非常高的关联度。银行的资产负债表在金融体系中相互联系、相互影响，而系统重要性机构在体系中处于核心地位，一旦出现危机，会产生巨大的外部效应，导致其他金融金融机构遭受损失。在银行间市场，大型银行往往是资金的供给者或者做市商，它们的破产很有可能导致市场流动性枯竭，从而将危机扩散到其他金融机构。在2008年国际金融危机中，流动性枯竭导致融资渠道在非常短的时间内消失，造成了危机扩大和传染。流动性风险分为融资流动性风险（Funding Liquidity Risk）和市场流动性风险（Market Liquidity Risk）（Marc Farag 和 Damian Harland，2013；Brunnermeier 和 Pedersen，2008）。融资流动性风险指的是没有足够现金或者等价物支付给对手或者客户；市场流动性风险指的是自身资产难以交易变现、不可变现或者变现的损失较大。融资流动性风险和市场流动性风险可相互转化。当系统重要性机构由于危机或者破产，造成融资市场枯竭，依靠短期资金融资的银行只能卖出资产，即"火线出售"（Fire Sale），这会进一步加重市场流动性风险。Brunnermeier 和 Pedersen（2008）认为融资流动性风险和市场流动性风险相互联系并形成流动性螺旋，特别是在国际金融危机中这一螺旋效应表现得十分明显。苗永旺和王亮亮（2010）认为当遭遇市场冲击，金融市场出现流动性不足局面，即"拥挤交易"（Crowded Trade）时，金融系统性风险的波动性会大为增强。此外，系统重要性机构是维护市场信心一个重要支撑。一旦这类机构发生危机或者倒闭，会对市场参与者信心造成重大冲击，并进一步导致市场波动，如资产大量抛售、价格下跌，这将进一步加剧风险传染和扩大。

5.1.3　系统重要性机构的识别方法

虽然对系统重要性机构的定义非常明确，但如果不能识别系统重要性，那么其定义对实践工作并没有太高的指导意义。Castro 和 Ferrari（2010）认为有三种方法来衡量系统重要性。一是指标法。采用总资产、银行同业往来总额、证券买卖收入或费用和佣金收入等量化指标，来代表政策制定者认为的事前因素，如规模、相互关联度和可替代性。这一方法的主要限制是数据有很大缺口，特别是金融机构之间，以及金融机构与非银行机构之间相互关联度的数据。二是网络法。用网络理论来描绘金融机构之间的相互关系。这种方法可以更好地确定对共同冲击和外溢性的风险暴露。三是市场信息法。使用 CDS 水平和股票价格等市场价格的信息内容，来评估金融机构的系统性风险。

（一）指标法

识别系统重要性银行并不是非常容易，因为系统性风险不是一个常量。一些机构可能在许多危机下不具有系统性影响，但在另一些情形下具有非常重要的影响。但一般而言，资产规模指标是评价一家机构系统重要性非常重要的评估指标。如美国《多德—弗兰克法案》将资产超过 500 亿美元的银行集团归为系统重要性机构。另一类则将机构资产/GDP 比例作为标准，一般超过 4% 被视为系统重要性机构。指标法在国际机构中也有着广泛的运用。IMF 等

（2009）提出从规模、关联性和可替代性评估系统重要性机构。BCBS（2011）基于指标测度方法（Indicator – Based Measurement Approach）评估系统重要性，具体而言，包括全球活跃程度（Global Activity）、规模（Size）、相互关联性（Interconnectedness）、可替代性（Substitutes）和复杂度（Complexity）等五个维度进行评估。其中可替代性是某个机构倒闭，其他机构能够在多大程度上供给相同的服务。

表 5 – 1　　　　　　　　　系统重要性机构评价指标

类别（权重）	指标	指标权重
跨国业务（20%）	跨境资产	10%
	跨境负债	10%
规模（20%）	采用巴塞尔协议Ⅲ定义的总风险暴露	20%
关联度（20%）	金融体系内资产	6.67%
	金融体系内负债	6.67%
	批发融资比例	6.67%
可替代程度/金融基础设施（20%）	托管资产	6.67%
	通过支付系统的清算和结算的支付	6.67%
	债权和股票市场垫资交易价值	6.67%
复杂程度（20%）	场外市场工具的名义价值	6.67%
	三级资产（Level 3 assets）	6.67%
	交易和可供出售资产	6.67%

资料来源：BCBS（2011）。

巴塞尔委员会的宏观审慎监管工作组（MPG）建议采用指标法对机构系统重要性进行评估，即通过选取反映银行规模、关联度和可替代性指标赋值和加总进行评判。2009 年，FSA 提出从规模、关联性和种类三方面评估系统重要性（潘林伟和吴娅玲，2011）。2011 年，金融稳定理事会（FSB）公布29 家具有系统性影响力的银行名单，其中欧洲 17 家、美国 8 家、日本 3 家、中国1 家。

巴塞尔委员会要求系统重要性机构增加资本附加以提高其吸收损失能力。BCBS（2011）对不同组施加 1% ~3.5%不等的资本附加水平。巴塞尔委员会将系统重要性机构分为 5 组（见表 5 – 2），其中第 5 组的附加资本为 3.5%，目前并没有银行处于第 5 组。最低的第 1 组资本附加为 1%。附加资本必须由核心一级资本满足。巴塞尔委员会也规定，其附加资本只是最低标准，各个国家可以根据自身需求对本国的银行实行更为严格的资本附加要求。

表 5 - 2　　　　　　　　　　全球系统重要性机构资本附加要求

组别	资本附加要求（%）
第 5 组	3.5
第 4 组	2.5
第 3 组	2
第 2 组	1.5
第 1 组	1

此后，巴塞尔委员会又提出了国内系统重要性原则，发布了《国内系统重要性银行的政策框架（征求意见稿）》。

2018 年 7 月 5 日，巴塞尔委员会发布了修订后的全球系统重要性银行（G - SIBs）监管文件——《全球系统重要性银行：修订后的评估方法和附加损失吸收能力要求》，在评估指标中对跨境业务指标的定义进行了修订，引入了交易量指标，并将保险子公司的部分业务纳入指标计算。

（二）市场法

从系统重要性识别方法来看，指标法的优点在于简单、操作性强，但也存在过于粗糙、无法深入分析系统性风险来源等缺点。而市场法由于采用市场数据，在理论上而言具有一定的前瞻性和预测性，能够直接反映出单个机构在系统中的重要程度或对系统性风险的贡献度。市场法并不研究银行间相关关系如何形成，其方法的有效性前提就是金融市场的有效性。Céline Gauthier 等（2011）考虑不同的金融体系网络结构，他们发现单独的规模因素不一定是一个好的系统性重要性代理指标，这里面必须补充银行间风险敞口的细节信息。在市场信息法方面集中了大量的文献。Adrian 和 Brunnermeier（2011）采用 CoVaR 方法度量了系统性风险，并发现杠杆率、规模和期限错配能够预测系统性风险贡献。Gauthier 等（2010）采用加拿大银行数据，采用了 CoVaR 和夏普利值法测度银行的系统重要性。Sylvain Benoit 等（2012）在一个共同的框架下比较了 MES、SRISK 和 CoVaR 风险测度方法。王周伟等（2014）对分位数回归、Copula 函数和 DCC - GARCH 模型下的条件在险价值进行估计，认为 Copula函数法与 DCC - GARCH 模型更加有效，能够更好地评估银行业与金融体系之间的风险溢出效应。周天芸等（2012）选取香港上市银行 2006 年到 2011 年数据，采用 $\Delta CoVaR$ 方法判断了香港银行的系统性风险。王周伟等（2015）利用 DCC - GARCH 模型相关性分析框架，采用 MES 法、SRISK 法和 $\Delta CoVaR$ 法对我国系统重要性银行进行识别。宋清华和姜玉东（2014）利用边际预期损失（MES）方法，通过 DCC－GARCH 模型和非参数估计计算了我国 14 家上市银行的边际预期损失，并结合资产规模和杠杆率等因素度量各上市银行的系统性风险。Borio 等（2010）提出了 Shapley 值方法，该方法将系统性风险分配给金融机构，金融机构的 Shapley 值加总等于系统性风险。王广龙等（2014）采用 SRISK 方法对银行的系统性风险进行测算，并讨论了该方法的优势和不足。高国华和潘英丽（2011）对我国 14 家上市商业银行系统性风险贡献度及影响因素进行测算，并发现银行的溢出风险 $\Delta CoVaR$、自身风险 VaR 水平、不良贷款率以及宏观经济波动对于预测银行系统性风险的边际贡献具有显著影响。白雪梅和石大龙（2014）基于 CoVaR 方法，度量了我国公开上市的 27 家金融机构 2008—2013 年的系统性风险，并建立了一个预测系统性风险的模型。作者采用机构自身特征和宏观经济变量作为解释变量，将机构系统性风险贡献度作为被解释变量，研究系统性风险贡献度的预测因素。

（三）网络法

网络法用网络理论来描绘金融机构之间的相互关系，主要是建立银行间风险暴露矩阵，检验银行倒闭后的传染效应。这种方法可以更好地确定对共同冲击和外溢性的风险暴露。黄聪和贾彦东（2010）运用金融网络结构分析了我国系统性金融风险。范小云等（2012）构建网络模型分析关联性对银行系统重要性的影响，模型模拟分析表明银行间负债关联程度是决定银行诱发系统性危机难易程度和破产损失大小的重要因素。S. Battiston 等（2013）认为关联性在危机中起着关键性的作用。他们关注了危机中受到压力但没有违约的机构在违约之前的传染效应。一般我们研究了银行 i 的违约会影响到银行 j 的权益，但在信用事件发生之前，由于违约距离下降，银行 j 负债的价值包括银行间市场负债的价值会下降，因此会对银行 j 产生负面影响。当信用供给者成为脆弱者，它们在一定程度上会传染给其他同业。所以即使没有机构实际上倒闭，整个金融体系也会变得更为脆弱。他们运用 DebtRank 衡量机构在网络中的负外部性，能够捕捉银行的系统重要性，而当银行网络关联度十分高时，银行资本对其系统性风险的影响非常高。

5.2　基于指标法的我国系统重要性银行评价

在 BCBS（2011）和《关于国内系统重要性银行的划分标准（征求意见稿）》以及数据可得性的基础上，本章从规模、关联性、复杂性维度评估银行的系统重要性。规模指标我们采用银行总资产（ASSET）代表；关联性方面，我们采用银行同业业务方面的数据。因为同业业务（Interbank）是银行之间发生的交易，一家银行发生危机很可能导致其他行的资产价值下降，从而具有传染性。复杂性主要表示银行业务的复杂程度。我们采用银行投资证券业务作为其复杂业务的代表（Security）。可替代性值是其他银行代替危机银行提供相同或相近金融服务或行使职责的可能性，国内有的文献采用信贷作为替代指标。但由于信贷与规模指标具有高度相关性，因此本书没有评估银行关于替代性的系统重要性。2011 年末，银监会发布了《关于国内系统重要性银行的划分标准（征求意见稿）》，文件提到从规模、可替代性、关联性、复杂性维度评估银行的系统重要性，赋予四个维度等额权重。2014 年，监管部门出台了《商业银行全球系统重要性评估指标披露指引》，其中要求表内外资产 1.6 万亿元人民币以上的银行披露表内外资产规模、关联度和复杂性等相关信息，具体包括 12 个指标。因此，在关联度和复杂程度方面，本书只纳入 2013 年规模大于 1.6 万亿元的我国 13 家商业银行进行比较。

表 5 – 3　　　中国银监会要求的商业银行全球系统重要性评估指标

序号	指标
1	调整后的表内外资产余额
2	金融机构间资产
3	金融机构间负债
4	发行证券和其他融资工具
5	通过支付系统或代理行结算的支付额
6	托管资产
7	有价证券承销额
8	场外衍生产品名义本金
9	交易类和可供出售证券
10	第三层次资产
11	跨境债权
12	跨境负债

资料来源：银监发〔2014〕1 号文。

5.2.1　我国大型银行与其他银行总资产的比较

根据银监会公布的数据，本章对不同类别银行的规模进行了对比分析。从总资产来看，2014 年我国大型银行占据银行业总资产的 41.25%，与其他类型银行相比，存在巨大的优势，股份制银行在规模上次之。

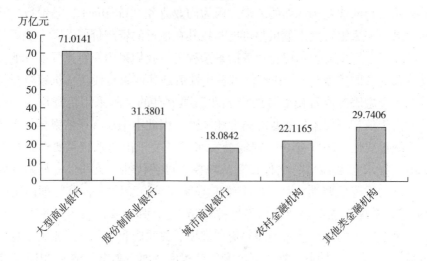

图 5 - 1　2014 年我国商业银行总资产

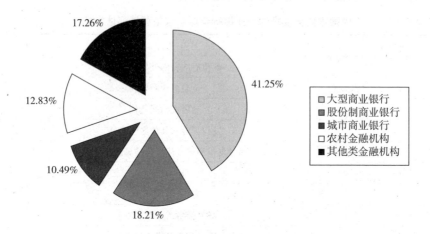

图 5 - 2　2014 年我国商业银行总资产占比

　　基于规模、关联度和复杂性的评价标准，本书估计了 2013 年我国总资产超过 1.6 万亿元的 13 家银行在 2014 年的系统重要性。

5.2.2　银行关联度指标比较

　　从银行关联度来看，股份制银行的关联度相比其他维度而言较高，特别是兴业银行和民生银行，其关联度在 2014 年持平甚至超过了中国银行。Céline Gauthier 等（2011）指出许多文献认为高资本附加应该被运用于较大的银行，

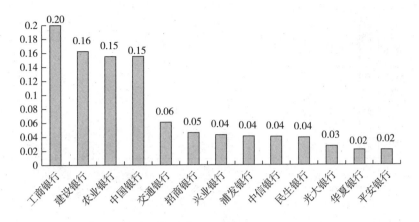

图 5 - 3   2014 年我国 13 家银行规模指数比较

他们利用网络法发现一家银行与其他银行关联比规模更能驱动系统重要性，相对小的银行可以在融资市场中扮演一个重要角色，其应该基于更高的资本附加。从图 5 - 4 中可以看出，股份制银行在关联度上与大型银行最为接近，这也表明如果危机在银行间市场传播，股份制银行的传染效应和扩大效应可能并不会小于大型银行。

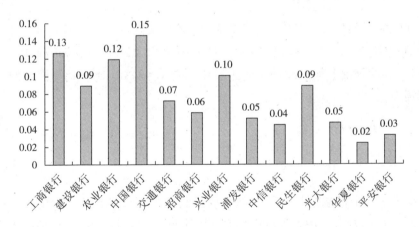

图 5 - 4   2014 年我国 13 家银行关联度指数比较

5.2.3 银行复杂度指标比较

从复杂度的总体表现来看，大型银行具有较高复杂程度，其他银行与其存在巨大的差距。在股份制银行类型中，兴业银行、浦发银行和中信银行具有较高的复杂度。其中，兴业银行和浦发银行的复杂度甚至高于交通银行。

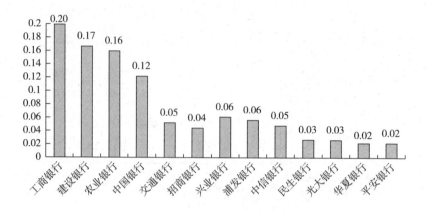

图 5－5　2014 年我国 13 家银行复杂度指数比较

5.3　基于 MES 和 CoVaR 法的我国银行系统重要性的识别

5.3.1　边际期望损失（MES）

MES 衡量的是金融机构 i 对于系统性风险的边际贡献。Acharya 等（2010）基于期望损失（ES）提出了边际期望损失（MES）。Brownlees 和 Engle（2011）在此基础上加以改进，估计了基于 DCC－GARCH 波动率模型的边际期望损失。

$$ES_{mt}(C) = E_{t-1}(r_{mt} \mid r_{mt} < C) = \sum_{i=1}^{N} \omega_{it} E_{t-1}(r_{it} \mid r_{mt} < C) \quad (5.4)$$

$$MES_{it}(C) = \frac{\partial ES_{mt}(C)}{\partial \omega_{it}} = E_{t-1}(r_{it} \mid r_{mt} < C) \quad (5.5)$$

C 表示一个极端情形，如金融市场日收益处于最坏的 5% 的情况。从公式（5.5）可以看出，MES 度量市场系统性事件（出现极端情形）情况下，单个机构的边际风险贡献度。MES 值是从市场收益出发而得到的数值，故其没有涉及机构的财务特征。由于市场收益率可能具有不对称性，本章选用 DCC－GJRGARCH 模型测度 5% 显著性水平下我国上市商业银行的 MES 值。

5.3.2　DCC－GARCH 模型介绍

在研究多个金融时间序列之间的关系方面，许多研究通过运用结构向量自回归（SVAR）模型考察冲击对金融体系产生的影响（Van Aarle et al.，2003）。虽然 SVAR 模型能够检验不同时间序列之间的同期相互关系（Concurrent Correlations），但却无法检验时变（Time – Varying）相互关系（Chin – Bun Tse et al.，2014）。为了更好地研究多个时间序列之间的关联性，Engle 和 Sheppard（2001）提出了动态条件相关模型（Dynamic Conditional Correlation）。由于所估计的相关系数是随着时变波动率而调整的，DCC – GARCH 模型为研究者提供了一个更为优越的测度相关性的工具（Cho 和 Parhizgari，2008），从而可以检验市场参与者面对不同的信息和冲击时的动态行为（Sibel Cel̇ik，2012）。动态条件相关系数已成为检验新兴金融市场在危机期间由于羊群效应而导致的传染效应的有效工具。金融市场是一个变化的市场，其汇集了各类信息，并时常发生重大经济事件，各种经济变量及参与者的行为也可能随之改变，从而对市场的运行产生持久的影响。

$$r_t \mid \Omega_{t-1} \sim N(0, H_t) \tag{5.6}$$

$$H_t \equiv D_t R_t D_t \tag{5.7}$$

式中，r_t 为资产收益率；Ω_{t-1} 表示 $t-1$ 时刻的信息集；D_t 表示单变量 GARCH 所得出的随时间变动的条件标准差取对角元素形成的 $k \times k$ 对角矩阵。

$$R_t = Q_t^{*-1} Q_t Q_t^{*-1} \tag{5.8}$$

$$Q_t = \left(1 - \sum_{m=1}^{M} \alpha_m - \sum_{n}^{N} \beta_n\right)\overline{Q} + \sum_{m=1}^{M} \alpha_m(\varepsilon_{t-m}\varepsilon_{t-m}') + \sum_{n=1}^{N} \beta_n Q_{t-n} \tag{5.9}$$

式中，R_t 表示动态相关系数矩阵；Q_t 表示协方差矩阵；$\overline{Q}$ 表示标准化残差所得出的无条件协方差；α_m 和 β_n 分别表示 DCC – GARCH 模型前期残差平方项系数和前期条件方差的系数；Q_t^* 表示 Q_t 矩阵中对角元素的平方根所形成的对角矩阵。

5.3.3 条件在险价值（CoVaR）

CoVaR 测度的是单个金融机构陷入危机时如其损失其 VaR 值后，金融系统所遭受的风险价值。Adian 和 Brunnermeier（2009）首先利用 CoVaR 测度金融机构系统性风险贡献。一般 VaR 模型的表达式为 $\Pr(r^i \leqslant VaR_q^i) = q$。$VaR_q^i$ 通常为负数，即为损失分布 q 分位点的数值。CoVaR 表示金融机构 i 达到 $C(r_i)$ 情况下，金融市场的在险价值。CoVaR 值可以通过分位数回归得出。

$CoVaR$ 的表达式如下：

$$\Pr(r_m \leqslant CoVaR^{m \mid C(r_i)} \mid C(r_i)) = q \tag{5.10}$$

假设条件分布 $y|x$ 的总体 q 分位数 $y_q(x)$ 是 x 的线性函数，$y_q(x_i) = x_i' \beta_q$，β_q 为 q 分位回归系数。估计量 $\hat{\beta}_q$ 可以通过最小化来定义：

$$\min_{\beta_q} \sum_{i: y_i \geq x_i' \beta_q}^{n} q |y_i - x_i' \beta_q| + \sum_{i: y_i < x_i' \beta_q}^{n} (1 - q) |y_i - x_i' \beta_q| \quad (5.11)$$

$\Delta CoVaR$ 表示在金融机构 i 达到 $C(r_i)$ 情况下金融市场的条件在险价值与金融机构在一般情况下市场在险价值的差额。

$\Delta CoVaR$ 表达式如下：

$$\Delta CoVaR_i = CoVaR^{m|r_i = VaR_i} - CoVaR^{m|r_i = median(r_i)} \quad (5.12)$$

更一般的方法是定义金融机构 i 遇到损失超过其在险价值的情况（Ergun 和 Girardi，2012）：

$$\Delta CoVaR_i = CoVaR^{m|r_i \leq VaR_i} - CoVaR^{m|r_i = median(r_i)} \quad (5.13)$$

$\Delta CoVaR$ 反映了金融机构对金融市场的溢出风险价值，即金融机构对系统性风险的贡献程度。$\Delta CoVaR$ 的绝对值越大表明金融机构对金融体系的风险贡献越大，系统性风险越高。

5.3.4　基于 MES 和 $\Delta CoVaR$ 方法的我国上市银行系统重要性评价结果

本节参照 Adrian 和 Brunnermeier（2011），采用分位数回归方法对 $\Delta CoVaR$ 进行估计，分位点选择为 5%。我国沪深股票市场共有 16 家上市银行，考虑到农业银行、光大银行于 2010 年上市，时间序列数据较少，因此从样本数据中剔除。最终选取 14 家商业银行，区间为 2008 年 1 月 2 日到 2013 年 12 月 31 日的数据样本，采用上证金融 180 指数收益率作为金融系统的收益率。上市银行交易数据来自国泰安研究数据库。我们采用 $\Delta CoVaR$ 时序的年平均值，作为商业银行在该年内对金融体系的风险贡献度；采用 MES 时序的年平均值，作为商业银行该年内的平均边际预期损失（Adrian 和 Brunnermeier，2011；刘志洋和宋玉颖，2015）。由于所估计的 $\Delta CoVaR$ 和 MES 均为负值，本节取其绝对值衡量单个银行的系统重要性程度，$\Delta CoVaR$ 和 MES 绝对值越大，表明系统重要性越高，银行承担的系统性风险越大。

表 5-4　　　　　　　　银行系统性风险贡献度和边际期望损失　　　　　单位：%

银行	$\Delta CoVaR$	MES
工商银行	2.496	2.424
建设银行	2.500	2.661
中国银行	2.470	2.167

续表

银行	$\Delta CoVaR$	MES
交通银行	2.700	3.334
招商银行	2.876	3.942
浦发银行	2.800	4.305
兴业银行	2.900	4.429
中信银行	2.748	3.623
民生银行	2.747	3.659
平安银行	2.611	4.310
华夏银行	2.964	4.220
北京银行	2.594	3.821
宁波银行	2.694	4.081
南京银行	2.631	3.788

从 2008 年到 2013 年 $\Delta CoVaR$ 和 MES 序列的总体均值来看，华夏银行对金融市场的溢出风险价值最高，兴业银行的边际预期损失最高。分类别来看，股份制商业银行对金融市场的溢出风险价值和边际预期损失最高，系统重要性较高；而国有大型银行对金融市场的溢出风险价值和边际预期损失并没有股份制和城市商业银行高。

5.4　宏观审慎资本监管防范系统重要性银行风险机制

加强系统重要性银行监管的目的本质上就是防范系统性风险。由于系统重要性机构所具备的特征，系统重要性机构的倒闭本身就意味着整个银行体系可能出现系统性风险。因此，防范系统重要性机构的倒闭，增加其损失吸收能力就是防范系统性风险的一部分。微观审慎监管的目的是保持银行稳健，而宏观审慎对系统重要性银行监管的目的在于维护整个金融体系的稳定，故其考虑的是银行对金融体系的影响而施加的监管。从系统重要性机构的风险特征能够看出，对其的监管目标是减少由于"大而不能倒"产生的道德风险以及降低负外部性。系统重要性机构存在"大而不能倒"的问题，而"大而不能倒"对机构造成了扭曲激励，其中包括风险过度承担、银行规模扩大以及范围的低效率扩张等，通过合理的制度、对银行规模的限制和资本约束，能够降低这一成本（Morrison，2011）。监管部门通过监管措施促使机构负外部性内部化，或者控制负外部性的总量达到监管目的。IMF 在 2010 年的《全球金融稳定报告》中指出，考虑到监管部门对于系统重要性机构更加宽容，有必要采取如设立额外风险资本、征收系统性风险税以及限制高风险业务等更为直接的方式对系统重要性机构进行监管。对于系统重要性银行的监管措施主要包括事前、事中和事后几个方面。从事前来看，主要是限制其高风险业务；事中主要加强资本监管；事后则是强化对系统重要性机构的处置机制建设。从目前来看，对于系统重要性机构的监管，重在建立宏观审慎管理的激励惩戒机制，促进机构更为审慎。主要包括以下几个方面：一是减小系统重要性机构的倒闭。从宏观审慎角度来看，通过降低系统重要性机构的道德风险，提高系统重要性机构的损失吸收能力，降低系统重要性机构的倒闭概率，从系统重要性机构这个源头上降低风险在金融体系的传染和扩大。二是维护市场竞争的公平。监管部门对于降低倒闭概率和维护市场竞争公平可以采用资本监管的手段，包括提高资本要求和系统性资本附加。三是降低系统重要性机构的负外部性和传染性。这方面主要通过限制措施等手段达成，如分拆大型银行、限制大型银行业务等方法进行防范。四是建立系统重要性机构的自我救助体系。国际上对系统重要性监管已达成共识，对系统重要性金融机构实施资本附加要求。2010 年 10 月 20 日，金融稳定理事会（FSB）发布《降低系统重要性机构道德风险的政策：建议和时间表》。该报告对 SIFI 进行了定义，对系统重要性机构监管提出了政策建议。金融稳定理事会提出的基本框架主要包括：（1）减少系统重要性机构倒闭的概率和冲击，提高系统重要性机构抗风性能力，主要通过附加资本要求、附加流动性要求等；（2）提高应对系统重要性银行的危机救助机制；（3）强化金融基础设施建设等。我国已经对系统重要性银行计提了系统重要性资本附加 1%（中国银监会，2011）。2011 年 5 月，中国银监会颁布了《关于中国银行业实施新监管标准的指导意见》，对提高我国系统重要性银行监管的有效性作出规划。2014 年 1 月 8 日，银监会发布了《商业银行全球系统重要性评估指标披露指引》，增加了系统重要性银行信息披露的规定，要求符合一定条件的商业银行从2014 年起披露全球系统重要性评估指标，以提高系统重要性机构的透明度。2018 年 11 月，中国人民银行、中国银保监会、中国证监会联合发布《关于完善系统重要性金融机构监管的指导意见》。2019 年 11 月，人民银行会同银保监会发布了《系统重要性银行评估办法（征求意见稿)》。

5.4.1 提高吸收损失能力，降低破产概率

资本是抵御损失和银行破产一道非常重要的缓冲。银行的股东只是承担有

限责任，所以银行有从事高风险业务活动的冲动。资本可以促使股东、存款人和其他债权人利益相容（Berger et al. ，1995 ；Keeley 和 Furlong，1990）。Kevin（2009）认为巴塞尔协议以及新资本协议的主要宗旨即是确保银行拥有足够的资本金，吸收预期损失，维持银行的清偿能力。因此，系统重要性资本附加的机制在于：在金融体系中，系统重要性机构具有较强的传染性和负的外部性，其倒闭很可能带来金融体系的连锁反应。提高系统重要性机构的生存能力能够避免因为其倒闭而导致风险的传染和扩大。从银行的负债和所有者权益端来看，在识别出系统重要性银行的基础上，对系统重要性银行实施系统性资本监管，提高系统重要性银行资本充足率，提高吸收损失的能力，维护系统重要性银行的稳定，可以实现防范系统性风险的目的，保持金融稳定。巴塞尔协议Ⅲ在国际金融体系遭受 2008 年国际金融危机冲击后，对资本提出了更高的要求就是例证。张强和张宝（2011）认为资本天然上具有提高风险行为的成本、增加机构吸收损失的能力和内部化社会成本的功能而成为解决 SIFIs 问题的重要工具。同时较高的资本缓冲也可降低系统重要性机构倒闭给金融体系造成的冲击，有利于破产处置。基于系统重要性的资本监管维护系统重要性银行的稳定性也就维护了整个金融体系的稳定，减小由于系统重要性银行发生危机给金融体系造成的巨大冲击。

5.4.2 提高经营成本，限制系统重要性银行不公平竞争

系统重要性银行由于具有"大而不能倒"的特性，市场参与者对此类机构具有更高的评级，从而降低了这些机构的经营成本如更低的融资成本和融资便利等，市场约束能力更低，这导致这些机构在市场中因为具有特殊地位而获得竞争力，抑制了其他机构的发展。这样的正向反馈循环可能导致系统重要性银行在市场中变得更为强势，其风险也在其中不断聚集。由于资本相比债务融资成本更高，所以大型机构资本附加意味着更高的筹资成本。此外，大型机构在债务融资上具有更为明显的优势，资本附加意味着大型机构运用此优势能力下降。Farouk Soussa（2000）发现系统重要性金融机构在发行债券方面对于中小金融机构而言，存在巨大的利息优势。Dirk Schoenmaker（2015）认为系统重要性资本附加在于降低"大而不能倒"所带来的补贴。因此，通过实施系统重要性资本附加防范系统性风险的机制在于：当银行接近最低资本要求时，银行资本收益率能够满足股东所要的收益；当系统重要性银行被要求增加资本附加时，其资本利用效率降低，增加银行风险承担活动的成本，这会导致银行的运营成本上升，减少了系统重要性银行由于其系统重要性而产生的竞争优

势。此外，资本附加也可能会给大型机构带来额外的管理和运营成本。通过增加系统重要性银行的经营成本，有助于降低机构由于系统重要性而增加的竞争力，提高整个金融体系的公平性。

5.4.3　抑制系统重要性银行过度承担风险

监管资本是从监管者视角要求银行持有的资本，经济资本是从银行管理者视角对银行应持有资本的判定。但由于监管资本在较长时间内是不变的，而经济资本在不断变化中，因此易导致监管套利。当监管资本没有向经济资本趋同，可能导致银行有着监管套利的冲动。当提高股东承担损失能力，内部化成本，金融机构在考虑自身经济资本过程中，考虑到系统性风险，经济资本能够与监管资本趋同，从而能够达到较好效果，降低监管套利和风险承担冲动。当系统重要性银行被要求更高的资本要求时，银行在配置风险资产过程中，银行股东承担更多的风险损失，而通过杠杆配置资产的比例会下降，这有利于银行股东承担更多的风险和成本内部化，银行投资失败会导致其自身损失越大，实现了风险共担，银行经营会越谨慎，降低了道德风险。宏观审慎政策通过宏观审慎工具促使机构的成本内部化，抑制系统性风险过度承担（BIS，2009；Brunnermeier et al.，2009；Bank of England，2009）。巴曙松等（2012）认为资本附加能够增加成本，达到内部化成本的目的，减少高风险投资行为。Céline Gauthier 等（2011）认为一个内部化银行外部性的方法是施加资本附加。S. Battiston 等（2015）发现资本对网络中系统性风险的边际贡献的影响是相当大的，支持在宏观审慎管理中采用资本监管。Hellman 等（2000）利用模型论述了资本监管提供特许权，促使银行有激励投资安全的项目。从系统重要性资本附加来看，如果能够准确识别机构的系统重要性，利用 Hellman 等（2000）模型，可以应用于说明资本附加的激励作用。假设银行可以投资于两种项目：一种是系统性风险较低的项目，产出为 G，成功的概率为 P_G；另一种是系统性风险较高的项目，产出为 B，成功的概率为 P_B。假设 $P_G G > P_B B$ 和 $B > G$，银行融资来自存款和资本，存款利率为 R。为了抑制系统性风险，监管部门对于项目 B 施加系统重要性资本附加 k，资本成本为 β。为简化起见，假设银行最低资本要求为 0。假设资本成本足够高，满足 $\beta > P_G G$，银行偏好利润更高的项目，故银行投资系统性风险较低的 G 项目满足以下方程：

$$P_G(G - R) \geqslant P_B[B(1 + k) - R] - k\beta \qquad (5.14)$$

简化后得到

$$R \leqslant \frac{P_G G - P_B B + k(\beta - P_B B)}{P_G - P_B} \tag{5.15}$$

从式（5.15）可见，由于 $k(\beta - P_B B) > 0$，相较于未计提系统重要性资本附加情形，系统重要性资本附加实施提高了银行实施系统性风险较低 G 项目的激励。

5.5　资本监管防范银行系统性风险的非预期效应

上一节探讨了系统重要性资本附加防范系统性风险的机制。但与此同时，资本监管的实施也可能带来非预期效应，从而达不到预期目标，反而可能增加银行的系统性风险。如资本监管与银行经济资本存在差异而产生套利，银行通过影子银行规避资本监管，宏观审慎资本监管的实施对银行带来的不确定性等问题均有可能导致银行实施宏观审慎资本监管后产生非预期效应。

5.5.1　监管套利导致系统性风险增大

监管套利的主要方式为在配置资产过程中，银行把资产向风险权重低、收益较高的资产倾斜，从而降低资本消耗。由于风险的不确定性，在一般情形下，银行可能会倾向于收益较高而其风险权重较低的资产。David Jones（2000）认为通过资产证券化等途径可以实现监管资本套利，从而促使资本监管的难度非常大。沈庆劼（2010）指出监管资本和经济资本存在差异，监管套利不可避免。从美国次贷危机来看，在银行行为具有短视性和过度风险承担情况下，繁荣时期的次级债产品在银行看来就具备了收益高、风险低的特点，从而导致银行购买大量此类资产。但随着衰退期的到来，此类资产风险逐步增大，对银行造成重大损失。当资本监管要求上升情况下，从银行资产方来看，银行可能通过增加风险系数较小的资产、降低风险系数较大的资产达到资本监管要求。但在实践中，以往被认为风险系数较小的资产的系统性风险并不意味着较小。如同业业务，商业银行同业资产相较于信贷资产，其消耗的资本较少，但其相对于贷款而言，其在金融体系的关联性更大，其所具备的系统性风险未必会比贷款的系统性风险低。Paola Bongini（2015）认为对系统重要性机构增加资本要求的建议是否能够促使银行提高风险加权资本，加强应对系统性冲击的能力，是否能够鼓励银行调整业务到资本消耗较小的业务存在巨大的争议。资本要求在金融体系中抑制过度风险承担可能不一定成功（Admati et al.，

2011；Elliott 和 Litan，2011；Slovik，2011；Shull，2012）。Slovik P.（2011）认为基于风险加权资产的资本监管创新旨在规避监管要求，并将银行重点转移出他们的核心经济职能。更为严格的资本监管有可能加剧这一扭曲。Patrick Slovik（2011）认为资本监管的预期收益被夸大了，因为其存在非预期后果。巴塞尔协议首次引进基于风险加权资产的资本要求时，也未预料到系统重要性银行风险加权资产占总资产的比重会持续下降。系统重要性银行一直在减少计算监管资本的基础。在 1992 年实施巴塞尔协议时，风险加权资产占银行总资产的 70%，这也说明银行监管资本的计算是基于大部分的银行风险暴露。而随着时间的推移，加权资产占总资产的比率逐步下降，在 2008 年国际金融危机时，这一比率下降到 35%。这也表明在国际金融危机前存在两种可能，一是系统重要性银行的风险只有前几十年的一半，二是基于风险加权资产的监管框架忽略了系统重要性银行一大块风险。而从金融危机的影响来看，第二种可能性更高。

5.5.2　影子银行体系（业务）削弱资本监管的有效性

（一）我国影子银行的现状

李波和伍戈（2011）认为影子银行是另一个信用创造体系，并且往往不受监管和货币政策直接调控。黄元山（2008）将影子银行表述为贷款证券化后，通过证券市场融资的方式。从我国的实践来看，影子银行一般指的是发挥银行融资、筹资功能，但受到较少监管的金融中介或者业务。徐军辉（2013）将非银行金融机构统称为中国式影子银行。2009 年以来，由于我国监管部门对银行的信贷投放管制，导致银行通过影子银行体系迅速发展的表外业务和非银行融资快速扩张。虽然随着国内需求的放缓，2015 年我国非银行融资速度减慢，但影子银行已成为金融市场中不可忽视的一环。从金融数据来看，2013 年我国人民币贷款仅占全年社会融资规模的 51.4%，社会融资中近一半并非由银行贷款产生。2013 年，我国实体经济通过委托贷款等非传统银行信贷渠道进行的融资占社会总融资规模的比例接近 30%。根据中国信托业协会的数据，2013 年，我国信托资产达到了 10.91 万亿元的总规模，而 2012 年的规模仅为 7.47 万亿元，增幅达 46%。到 2015 年末，根据中国信托业协会的数据，我国信托公司管理的信托资产规模达到 16.3 万亿元，同比增长 16.6%。《中国金融稳定报告（2015）》的数据显示，2014 年底我国银行存续理财资金余额为 13.8 万亿元，同比增长 47.7%，信托计划余额为 12.8 万亿元，同比增长 24.4%。普益财富《2013—2014 年银行理财市场年报报告》显示，自 2004 年以来，我国银行理财产品规模持续增长。2013 年，银行理财产品发行数量达到 19176 款，产品发行规模为 16.49 万亿元人民币。华宝证券在 2015 年 3 月发布的《中国金融产品年度报告（2015）》中预计，2015 年我国理财市场总体规模将突破 20 万亿元。

（二）影子银行削弱资本监管机制

资本监管的衡量需要计算风险加权资产，而银行通过调整风险加权资产或者将风险加权资产移出表外可以规避资本监管。早前，银信合作成为我国商业银行规避监管的主要手段，2009 年末，中国银监会陆续出台了一系列文件，包括银行不得使用募集的理财资金直接购买信贷资产，同时控制融资类银信合作比例等。随着我国银行监管政策逐步实施，简单的银信合作在我国现已经不常见，影子银行业务在实际操作过程中表现的形式越来越复杂，但其基本思路却并无二致，如通道类的银行理财产品、购买本行信托贷款类银信合作理财产品、购买其他银行存量信贷资产的银信合作产品、商业银行同业业务等。以下我们着重分析同业业务对资本监管的影响。《中国金融稳定报告（2014）》中指出 2009 年到 2013 年的五年中，同业资产增长了 246%，为银行总资产增长率的 1.79 倍，为银行贷款增长率的 1.73 倍；同业负债增长了 236%，为银行负债增长率的 1.74 倍，为银行存款增长率的 1.87 倍。兴业银行 2012 年半年报显示，其同业资产比例为 39.6%，高出其贷款规模。《中国金融稳定报告（2014）》中也提到同业业务快速增长，潜在风险应予关注。同业业务规避监管、不规范发展和不透明及其导致的银行资产负债期限错配等问题会削弱金融监管以及央行货币政策调控的效果，甚至引发系统性风险。由此可见，同业业务作为我国影子银行体系很重要的一部分，已经引起了社会和金融管理部门的重视。同业业务的发展很大程度上也是商业银行规避监管资本要求、拨备成本、绕开存贷比的结果。我们以较为典型的银行信托受益权业务为例说明。同业业务可以划分为两类：①非自营类同业业务，一般以银行理财产品资金对接同业资产的同业业务；②自营类同业业务，银行自营资金对接同业资产的同业业务。

1. 理财资金对接信托收益权。假设银行 A 有某企业客户 B 需要融资 1000。首先，信托公司设立单一信托计划，募集资金给企业 B，而信托公司募集的资金来源于过桥企业 C。银行 A 通过理财产品募集资金从过桥企业 C 中购买过桥企业 C 的信托受益权。

表 5 - 5 商业银行 A 的变化过程

资产	负债和所有者权益
贷款	个人客户存款 － 1000
自有资金	过桥企业 C 存款 ＋ 1000
代理业务资产 ＋ 1000	代理业务负债 ＋ 1000
总计 ＋ 1000	总计 ＋ 1000

2. 以银行自营资金对接信托受益权。银行 A 有某企业客户 B 需要融资 1000。首先，信托公司设立单一信托计划，募集资金给企业 B，而信托公司募集的资金来源于过桥企业 C。过桥银行 D 通过理财产品募集资金从过桥企业 C 中购买过桥企业 C 的信托受益权。银行 A 以自营资金购买银行 D 的理财产品。

表 5 - 6 过桥银行 D 的变化过程

资产	负债和所有者权益
贷款	同业存款 － 1000
自有资金	过桥企业 C 存款 ＋ 1000
代理业务资产 ＋ 1000	代理业务负债 ＋ 1000
总计 ＋ 1000	总计 ＋ 1000

表 5 - 7 商业银行 A 的变化过程

资产	负债和所有者权益
存放同业 － 1000	同业存款
应收账款类投资 ＋ 1000	企业存款
总计 ＋ 0	总计 ＋ 0

由此可见，银行资产负债表变化这一过程并没有创造货币，但由于资金的转移，产生了债权债务关系，创造了信用。银行存款的转移发生了信用关系，并创造了代理业务资产和代理业务负债。因此可以认为，同业渠道本身并不能派生货币，而是通过存款的转移创造债权债务关系，创造社会信用。在实际操作中，不断出现的过桥银行和过桥企业导致信托受益权在企业及商业银行间不断地易手，主要是为了满足监管要求或者规避监管政策以及腾换自有资金。不论多么复杂的同业业务操作模式，可以发现银行同业业务最终使得企业得到资金，扩大了信用总量。从商业银行方面看，企业所得到的融资并不是通过贷款获得，而是商业银行的自有资金或理财资金通过信托公司发放给融资企业。由此可见，银行同业业务对银行监管的影响主要体现在：（1）规避商业银行贷

款规模；（2）规避当时我国存贷比限制；（3）减少拨备和资本充足率消耗等。这些因素可以有效释放商业银行的货币创造能力。对于自营类同业业务，商业银行通过自有资金购买买入返售、信托受益权等同业资产，融资方得到的资金来源于商业银行的同业存款。自营类同业业务导致银行的同业存款下降，企业存款增加，扩大社会信用。如果市场的流动性较为充裕，商业银行可通过吸收同业存款，投资于同业业务，但此类同业业务受到来自银行自有资金及存款准备金的制约。非自营类同业业务则是通过银行理财产品吸收个人存款，投资于同业资产，融资方的资金来源于个人存款。从这点看，银行间市场的资金供给情况并不会对非自营类同业业务产生约束作用。

5.5.3　系统重要性机构道德风险进一步增大

当机构被监管当局认定为系统重要性机构后，监管部门对机构施加系统性资本监管具有非常强烈的信号作用，这类机构更有可能获得政府的救助，隐含着政府会救助这些机构的非保险负债。系统重要性银行自身、存款人和市场均更进一步确认这类机构"太大而不能倒"，对于系统重要性机构的资本监管可能导致此类机构更大的道德风险，从而会刺激系统重要性银行进一步过度承担风险，反而增加其脆弱性。成为系统重要性机构虽然会产生成本，但同时也具有吸引力，如享受政府隐性担保。当银行被施加系统重要性资本要求后，其监管部门能实施的模糊性救助也随之消失。模糊性救助在于监管部门对危机中救助的银行是有选择的，救助对象并不确定，从而可以破除市场对于银行救助的预期，银行也可能在发生危机后得不到救助，在一定程度上消除银行的道德风险。从这一点来看，系统重要性资本附加能够进一步加强市场对其"大而不能倒"的预期。5.1.2 节借鉴了哈维尔·弗雷克斯和让·夏尔·罗歇（2014）两期静态模型，说明银行道德风险问题。本节进行了简单拓展以说明模糊性救助对银行承担风险的影响，假设存在政府救助的模糊性。假设政府的模糊性是基于银行经营风险情况而定，当政府救助银行的概率为 P，银行经营的项目成功率越高，政府救助的概率越大，即 $\dfrac{\mathrm{d}P}{\mathrm{d}\theta} > 0$。此时，银行股东的预期利润为

$$\prod \overset{def}{=} E(\hat{V}) - E = (\theta X - L) + P(1 - \theta)D \qquad (5.16)$$

在净现值（ $\theta X - L$ ）相同项目情形下，对式（5.16）的 θ 求导，得

$$\frac{\mathrm{d}\prod}{\mathrm{d}\theta} \overset{def}{=} -PD + (1 - \theta)D\frac{\mathrm{d}P}{\mathrm{d}\theta} \qquad (5.17)$$

因此，当银行选择 θ 最小或者风险最高的项目时，未必能得到最高的预期利润。政府救助概率随着 θ 变小而降低，还需要考虑政府救助的概率。政府救助的模糊性能够一定程度抑制银行过度承担风险的冲动。当系统重要性资本附加实施，对于大型银行而言，意味着 $P=1$，从而导致银行更为激励选择 θ 最小或风险最高的项目，加剧银行过度风险承担。同时，从模型中也可得出，政府实施资本附加，导致政府担保从模糊性变为确定性，增加了银行预期利润，提高了银行价值，从而加剧了大型银行不公平竞争。Hasan Doluca 等（2010）认为金融机构有很强激励成为系统性机构。机构越大，传染性越强，在危机中被救助的可能性越高。这导致系统重要性越大，风险溢价越低，融资成本直接与系统性关联。对于个体机构而言，成为系统重要性机构具有很大的优势。与此同时，监管部门的监管会降低市场和消费者忽视系统重要性机构的风险承担，抑制监管者试图降低道德风险的努力。市场也会给予系统重要性机构更低的成本，削弱市场约束力，反而增加竞争的不公平性。中国银监会课题组（2010）认为当监管当局识别并对机构实施了系统重要性的监管，这也就承认了机构系统重要性，政府的隐性担保作用可能因此而增强。在这样的情况下，银行可能继续过度承担风险，市场参与者对这样的信息也有不同的解读。Sebastian C. Moenninghoff 等（2015）认为银行被正式指定为全球系统重要性银行（不可避免）会导致非预期效应。他们实证发现银行被正式指定为全球系统重要性银行本身具有一定的抵消的积极影响。Michal Skořepa 和 Jakub Seidler（2014）认为应发挥监管部门在系统重要性资本缓冲中与公众沟通的作用。监管部门应该努力解释实施一个非零的系统重要性资本缓冲并不能被市场解释为银行"大而不能倒"的信号，而一旦其陷入困境就需要公共救助。

从我国实际情况来看，我国政府对银行一直存在着隐性担保政策。我国对银行的隐性担保不仅仅针对大型银行，而是全部银行。20 世纪 90 年代，海南发展银行由于政策性兼并当地债务较高的信用社，造成挤兑风波。中国人民银行因此提供了 40 亿元再贷款，1998 年 6 月，海南发展银行由工商银行托管。为了处置我国信用社资不抵债、不良资产和历年挂账亏损等问题，央行在2005 年全面开展向信用社定向发行、用于置换其不良贷款和历年挂账亏损的专项债券。专项债券的期限为 2 年，利率为 1.89%。到期日，人民银行根据所规定的资本充足率、不良贷款率等条件给予专项债券的兑付。政府隐性担保对于我国银行体系和社会的稳定发展发挥了重要的作用，为国家经济发展打下了较好的基础。政府信誉成为我国银行最为核心的资本，但由于隐性担保存在着较高的道德风险，政府付出的成本较大。近年来，随着我国利率市场化和存款保险制度的推进，我国以往对银行体系的隐性担保机制将逐步转变为显性担保机制。2015 年，我国颁布了《存款保险条例》，考虑到机构风险状况，采取风险差别费率，以降低银行过度风险承担。另外，随着银监会发布《关于鼓励和引导民间资本进入银行业的实施意见》，民营银行在我国出现破冰，2014 年 7 月，银监会批准了深圳前海微众银行、温州民商银行、天津金城银行三家民营银行筹建。而大众对于民营银行的认识和风险状况以及信任程度还存在不确定性。我国政府对银行破产清算的容忍度也会逐步升高。政府信用担保维护银行稳健的作用将逐步被资本和市场所取代。在此背景下，系统重要性资本附加的实施标志着政府仅仅对于此类大型银行提供信用担保，对其"太大而不能倒"明确认定，标志着政府会救助这些机构的非保险负债，如同业存款和理财资金。相对于其他中小银行而言，大型银行因此获得更高的价值，大型银行在我国金融体系的地位可能因此而更为突出。因此，相较于以往政府对于银行均给予救助的情况，随着存款保险制度、民营银行的破冰和系统重要性资本附加的实施，我国大型银行由于系统重要性资本附加而具有政府给予更高级别的信用保证，并在金融体系中更加具有重要性，从而加剧大型银行的道德风险，并导致不公平竞争加剧。

5.5.4 银行经营成本的非预期影响

Rashmi Harimohan 和 Benjamin Nelson（2012）认为宏观审慎资本政策的目的在于促使金融体系更为富有弹性，减少金融危机的可能性和严重程度。但在实施宏观审慎资本政策过程中，可能会对信贷条件和经济增长产生影响。宏观审慎资本政策对信贷条件的影响取决于银行调整它们资产负债表的方式，比如资本要求增加导致融资成本上升，银行可能会倾向于要求更高的利率而减少借出款项。相反，如果银行资本充足率的信心较低，并推动银行资金成本，资本要求的增加可能会增加系统性信心，从而导致总体资金成本下降，并支持贷款增加。中国银监会课题组（2010）认为提高过度风险承担行为成本虽然具有理论可行性，但金融机构在实际操作中通过各种途径规避成本，导致资本附加有效性大幅下降。

5.5.5 资本监管的不确定性带来非预期影响

资本监管可能对银行经营行为造成不确定性。资本监管政策可能导致系统重要性银行破产概率下降，故风险溢价下降，资金成本下降，但与此同时，随着资本监管加剧，系统重要性机构要比其他银行付出更多的成本应对监管。银行因为资本附加而成本上升，导致资本回报率下降。系统重要性银行在激励考核机制下，倾向于冒险经营，承担更高的风险，规避监管。从这点可以看出，资本监管实施的成功需要将资本监管实施后银行成本与风险纳入考虑。

资本监管实施的不确定性。Paola Bongini（2015）认为"大而不能倒"政策在任何国家还没有形式化明确。从我国来看，系统重要性资本附加也为暂定1%。一旦机构被划为系统重要性机构，那么其不仅要面对额外的监管措施，在未来也有可能面临更多的监管。这样的不确定性有可能导致机构尽自己的能力逃避监管。比如系统重要性银行的股东要求更高的回报，通过更大的风险和业务不透明提高银行资本回报率；债务人可能要求更高的利息或者投资其他行业。这些不确定可能会抵消系统重要性机构在未来危机中由于资金供给者受到保护而导致的借款成本降低的趋向。目前我国对工、农、中、建、交五家大型商业银行计提了1%的资本附加。2018 年 11 月发布的《关于完善系统重要性金融机构监管的指导意见》中明确了系统重要性金融机构参评机构范围。因此，我国五大行需要考虑系统重要性资本附加，股份制银行也需对系统重要性资本附加加以考虑。

5.5.6 资本监管操作机制削弱资本监管的有效性

有的学者认为采用银行系统性风险暴露与资本附加相匹配，不仅可以提高损失吸收能力，而且提高了此类经济活动风险加权资产，增加了银行经营成本。有的学者认为资本附加应该与系统重要性机构的关联性或系统重要性程度相关（Jorge A. Chan – Lau，2010）。Céline Gauthier 等（2011）将根据测度的系统重要性对机构进行资本附加。Michal Skořepa 和 Jakub Seidler（2014）讨论了基于银行系统重要性而匹配资本附加的问题，并实际应用捷克银行估计了系统重要性资本附加。这类方法强调资本附加与银行系统重要性相挂钩，但操作难度较大。监管部门可能难以准确度量银行的系统重要性程度，故从实践来看，国际上采用根据指标法确定系统重要性，并根据不同的系统重要性进行分组，不同组类规定了不同的资本附加，即不同组别适应不同的资本附加。我国目前对资本附加的操作也是先认定系统重要性机构，再对其附加系统性资本附加。目前，我国对系统重要性银行的资本附加为1%，根据2018 年 11 月发布的《关于完善系统重要性金融机构监管的指导意见》，未来系统重要性附加采用连续法计算。这种操作的优点是可操作性强，但同样也存在一些弊端。一是资本附加可能没有和银行的系统重要性匹配。二是指标法所评估的银行系统重要性可能存在套利。Nikola Tarashev 等（2010）采用 Shapley 值法对机构的系统重要性进行分配，他们认为机构之间的系统重要性比率会大于机构之间规模的比率。因此在宏观审慎管理中，针对系统重要性惩罚措施的力度需要大于机构规模增加幅度。在美国次贷危机前，银行对于次级债的风险不高，监管部门同业没有意识到问题的严重性。如果在评估银行系统重要性过程中，银行认为复杂度对其而言收益较高，在指标法评估体系中，增加银行的复杂度而减少其他维度的系统重要性，就能达到监管套利的目的。中国银监会课题组（2010）认为建立额外资本要求与识别系统性影响机构之间的关系是资本附加的难点之一。Sebastian C. Moenninghoff 等（2015）则提出了额外资本要求应当针对大型银行还是单个银行，额外资本要求是为了防止危机发生还是内部化社会成本等问题。此外，巴曙松（2012）认为不同的监管政策会产生叠加效果，导致整体出现监管过度或者不足的局面，其中较为明显的是资本充足率和杠杆率。由于杠杆率和资本充足率均以一级资本计算，对我国银行业而言，杠杆率指标和资产充足率可能存在固定关系而导致其中一个指标失去效力。而许友传等（2011）提出贷款损失准备金管理和资本监管两者的具体边际的问题。如果资本给定，当监管部门对银行贷款损失准备要求是偏高的，这本质上就是把资本抵御风险调整到贷款损失准备。

5.6　本章小结

本章主要从道德风险和负外部性分析了系统重要性机构的风险特征，并采用较为主流的指标法和市场法对我国主要银行的系统重要性进行了评估。本章结合我国实际情况探讨了我国宏观审慎资本监管的预期和非预期效应，并从提高机构损失吸收能力、抑制道德风险、削弱不公平竞争的角度讨论了宏观审慎资本监管防范系统重要性银行风险的作用机制。但实施宏观审慎资本监管可能带来非预期效应。如银行和市场可能认为实施系统重要性资本附加意味着政府对于银行担保而进一步加剧道德风险。与此同时，实施宏观审慎资本附加，银行规避监管的动机可能进一步增强，加剧监管套利。此外，实施宏观审慎资本监管的相机决策和操作机制均可能带来非预期效应。

6. 基于截面维度的宏观审慎资本监管实施效果检验

在 2008 年国际金融危机后，虽然各国监管部门提出并实践各类工具以防范系统性金融风险，但其效果却仍然有待检验（王兆星，2014）。Schäfer A. 等（2015）采用事件研究法检验了美国《多德—弗兰克法案》、英国《维克斯报告》（*Vickers Report*）提出的改革、德国关于银行救助法以及瑞士对系统重要性银行的资本附加等监管措施对银行的影响。他们发现这些改革措施均能够显著影响银行权益价值和信贷违约利差。Sebastian C. Moenninghoff（2015）首次检验了新的监管措施对全球系统重要性银行带来的非预期效应。本章针对宏观审慎资本监管运行机制以及可能带来的非预期效应，运用我国银行的数据进行实证研究。资本留存虽然是逆周期资本管理框架的一部分，但其主要作用在于防范市场失灵，确保银行能够有效增加资本缓冲的措施。因此本章对资本留存也进行分析和检验。具体而言，本章主要通过以下几个方面对宏观审慎资本监管的实践效果（预期效应和非预期效应）进行考察：（1）考察宏观审慎资本监管是否能够提高银行的弹性，增强银行的稳健性，即宏观审慎资本监管是否能够提高银行资本充足率；（2）考察宏观审慎资本监管是否能够抑制银行承担系统性风险；（3）系统重要性资本监管是否能够降低大型银行的竞争力；（4）系统重要性资本监管是否会引起银行系统重要性维度之间的权衡。在实证模型中，本章考虑到系统重要性资本附加的实施可能会部分替代银行资本充足率的作用并导致资本充足率对银行影响发生改变的情况，因此采用了系统重要性资本附加指标与资本充足率的交互项进行实证检验和分析。从本章实证结果来看，宏观审慎资本监管通过降低同业贷款、削弱大型银行盈利能力和市场力量等渠道降低银行系统重要性，但由于实施系统重要性资本附加作为强烈信号，消除了政府救助的模糊性，从而削弱了政策实施的有效性。

6.1 数据筛选和基本统计量

本节列出了本章模型主要数据的描述性统计（见表6-1）。GDP数据来源于国家统计局；MES和$\Delta CoVaR$数据根据5.3节公式和数据计算而得，为2008—2013年数据；银行市场力量数据根据Bankscope数据库和银监会统计数据计算而得；其他数据来自Bankscope数据库，缺漏值通过各商业银行年报补充，少量缺失数据采用平均值补齐。样本区间为2003—2014年，共104家商业银行的样本数据。其中大型商业银行5家，即我国工、农、中、建、交等五家大型银行，股份制商业银行12家，城市商业银行和农村商业银行87家。

表6-1 描述性统计

符号	定义	观测值	平均值	标准差	最小值	最大值
TCR	银行资本充足率（%）	743	12.48	3.86	-15.72	62.62
NETBUF	其他资本缓冲（%）	743	2.838	2.726	-23.72	54.62
GDP	国内生产总值增长率（%）	754	9.42	3.74	7.3	14.2
TA	银行资产规模对数值	749	18.72	1.77	14.43	23.75
ROE	资本收益率（%）	751	17.46	8.21	-27.92	83.46
NPL	不良贷款率（%）	754	1.9	2.77	0	24.24
$\Delta LOAN$	贷款增长率	642	0.19	0.13	-0.11	1.99
LOAN	贷款占总资产比重	746	0.48	0.09	0.15	0.71
PRO	银行利润占总资产比重（%）	746	1.03	0.41	-0.42	2.88
ETA	股东权益/总资产（%）	740	6.58	2.92	-13.71	41.96
$\Delta CoVaR$	银行系统性风险贡献度（%）	84	2.695	0.939	4.970	1.348
MES	边际期望损失（%）	84	3.626	1.477	7.629	0.969
NIM	净利息收益率（%）	741	3.388	1.120	0.83	10.05
MP	银行市场力量	749	1.05	2.93	0.00	17.23
LIQ	流动资产占存款和短期资金比重（%）	740	26.253	11.682	5.86	130.16
DFBTA	同业借款占总资产比重	730	0.118	0.100	0.000	0.424
LFBTA	同业贷款占总资产比重	740	0.161	0.096	0.001	0.701
INTERBANK	同业与银行规模权衡	740	1.422	0.986	0.003	6.968
SERURITIES	证券投资与银行规模权衡	739	0.904	0.417	0.025	2.449

注：NETBUF为资本充足率与最低资本要求和宏观审慎要求资本缓冲的差值。INTERBANK为银行同业贷款在总同业贷款比重与银行资产占银行总资产比重；SERURITIES为银行证券投资在总投资证券比重与银行资产占银行总资产比重。

6.2 宏观审慎资本监管与资本充足率关系检验

6.2.1 模型设定

本节拟根据宏观审慎资本监管的目的，检验资本附加是否导致银行资本充足率增加，从而一定程度上提高银行损失吸收能力，增强银行的稳定性。参考以往文献，设定以下面板模型检验资本监管对银行资本充足率的影响。

$$TCR_{i,t} = \alpha_i + \beta_1 TCR_{i,t-1} + \beta_2 CS_{i,t} + \beta_3 CON_{i,t} + \varepsilon_{i,t} \tag{6.1}$$

关于资本监管指标的设置，由于在 2010 年中国银监会实际上已经提高了商业银行资本要求，故本节参照金鹏辉等（2014），以 2010 年为分界设置监管政策变量。本节采用监管政策冲击（虚拟变量）作为衡量资本附加的变量（CS）。2010 年，银监会提高了商业银行的资本留存并对五家大型银行实行了 1% 系统重要性资本附加，因此本节分别采用资本留存（CC）和系统重要性资本附加（SCS）的虚拟变量指标检验资本监管实施后是否导致了商业银行的资本充足率上升，从而提高银行吸收损失能力，达到防范系统性风险的目的。TCR 为银行资本充足率，CC 和 SCS 为宏观审慎资本监管指标。模型引入了控制变量，主要包括银行特征变量以及经济增长率控制宏观经济的影响。在此把逆周期资本框架中的资本留存作为考察对象的原因在于，根据防范系统性风险资本工具 2.2.1 节的分析，资本留存虽然作为逆周期资本管理的一部分，但其主要作用在于防范市场失灵，确保银行能够有效增加资本缓冲的措施。

为了便于理解以及进一步检验宏观审慎资本监管实施的效果，本节把银行的资本充足率分为三部分：一是最低监管要求，二是基于宏观审慎要求资本缓冲，三是其他资本缓冲。如果宏观审慎资本监管的实施从模型 6.3 和模型 6.4 的斜率方面对其他资本缓冲产生显著影响，那么可以认为商业银行已经将宏观审慎资本监管的实施作为其资本管理目标之一，实施宏观审慎资本监管有利于银行稳健性。巴塞尔协议认为资本附加应该列为银行资本缓冲而不是最低资本要求。当银行拥有 2% 其他资本缓冲和 1% 基于系统性风险所计提的资本附加情况下，本书认为银行 2% 的其他资本缓冲可能会考虑到系统性风险因素。由于资本附加的目的是基于防范系统性风险，而随着系统性风险的变化，监管部门可能因此而调整这类资本附加。从监管实践来看，我国对大型银行的系统重要性资本附加也是暂定为1%，故资本附加受到监管部门以及商业银行系统重要性因素的影响。假设银行拥有2%的其他资本缓冲和1%为系统性资本附加（在不考虑资本留存的情况下）。银行认为自身在经营过程中造成系统性风险增加，银行认为监管部门可能会进一步计提基于系统性风险的资本附加，则可能进一步增加资本缓冲以便应对系统重要性资本附加的增加。银行系统性风险继续增加，银行需要考虑到监管部门可能继续实施资本附加，从而增加自身的资本缓冲。故本书利用杠杆率、贷款增长率与宏观审慎资本缓冲的交互项，考察银行系统性风险承担的内部化。本书从以下几个方面考虑采用杠杆率和贷款增长率作为模型中银行系统性风险承担的程度。首先，对于杠杆率而言，杠杆率越高意味着银行自有资金越低，其道德风险越高。其次，杠杆率由于没有风险敏感性，可以检验银行是否将没有风险敏感性的杠杆率纳入其自身资本调整行为当中，抑制资本套利。李文泓（2009）认为高杠杆是系统性风险累积的一个重要指标，而且高杆杆率也是系统性风险爆发的重要原因。在检验宏观审慎工具有效性中，Bin Wang 和 Tao Sun（2013）采用单个银行信贷扩张作为银行系统性风险的替代变量，并用此指标来检验主要宏观审慎管理工具的有效性。Arregui 等（2013）指出信贷被广泛认为是一个重要的来关注系统性风险监测的变量。本书认为银行贷款增长率虽然已被微观审慎所关注，但基于以下几点将其纳入系统性风险承担的变量：一是贷款增长率过快意味着银行自身风险的增加，银行信贷过快增加会导致宏观上系统性风险累积；二是银行特别是大型银行贷款增加必然会对宏观经济产生巨大的影响；三是本书考察的则是银行在资本缓冲调整当中，在贷款增长风险已经影响银行资本缓冲的基础上，银行是否将贷款增长过快风险作为其系统性风险从而纳入其宏观审慎资本缓冲的考量。因此，本书将系统性资本附加指标与银行贷款增长率交互项、系统性资本附加指标与杠杆率的交互项加入模型，考察资本附加实施后，银行是否会将此项政策所引起系统性风险纳入其自身的风险调整中去。

$$NETBUF_{i,t} = \alpha_i + \beta_1 NETBUF_{i,t-1} + \beta_2 CS_{i,t} + \beta_3 CON_{i,t} + \varepsilon_{i,t} \qquad (6.2)$$

$$NETBUF_{i,t} = \alpha_i + \beta_1 NETBUF_{i,t-1} + \beta_2 CS + \beta_3 CS_{i,t} \times \Delta LOAN_{i,t} + \beta_4 CON_{i,t} + \varepsilon_{i,t} \qquad (6.3)$$

$$NETBUF_{i,t} = \alpha_i + \beta_1 NETBUF_{i,t} + \beta_2 CS_{i,t} + \beta_3 CS \times ETA_{i,t} + \beta_4 CON_{i,t} + \varepsilon_{i,t} \qquad (6.4)$$

6.2.2　实证结果分析

从表6-2的实证结果来看，本书发现，资本留存和系统重要性资本附加对提高银行资本充足率没有显著影响，这反映了宏观审慎资本监管对模型的截距没有产生显著影响。这可能是由于在出台资本留存和系统重要性资本附加时期，我国银行资本缓冲已经处于较高水平，基本能够满足监管要求，故宏观审慎资本监管的实施没有对银行资本充足率产生显著的影响。2010 年底，我国商业银行核心资本充足率为 10.1%，资本充足率为 12.2%。按照银监会关于《商业银行资本管理办法（试行）》实施过渡期的资本充足率监管要求，绝大多数商业银行已经达标。同时，资本留存和系统重要性资本附加对于银行的约束并没有最低资本要求严格，监管部门主要措施是限制盈余分配和控制风险资产增长。

表 6 – 2 宏观审慎资本监管与资本充足率的关系检验

解释变量	模型（1）	模型（2）	模型（3）
$TCR_{i,t-1}$	0.289 ***	0.292 ***	0.188 ***
	(10.281)	(9.211)	(3.382)
CC	0.449	0.461	− 0.175
	(1.316)	(1.413)	(− 0.455)
SCS	− 0.259	0.244	0.397
	(− 0.952)	(0.686)	(0.705)
GDP_t	− 0.095	− 0.146 *	− 0.006
	(− 1.211)	(− 1.924)	(− 0.078)
$TA_{i,t}$	− 0.392	− 1.122 **	− 1.336 ***
	(− 0.855)	(− 2.417)	(− 2.704)
$ROE_{i,t}$	− 0.033 *	− 0.0049 ***	− 0.258 ***
	(− 1.763)	(− 2.599)	(− 5.399)
$NPL_{i,t}$	− 0.389 ***	− 0.422 ***	− 0.451 ***
	(− 5.070)	(− 4.835)	(− 4.647)
$\Delta LOAN_{i,t}$		− 3.129 **	− 1.760
		(− 2.376)	(− 1.244)
$LOAN_{i,t}$		− 5.843 **	− 10.964 ***
		(− 2.015)	(− 2.972)
$PRO_{i,t}$			5.354 ***
			(5.017)
AR（2）	0.764	0.890	0.963
Sargan	1.00	1.00	1.00

注：解释变量为银行资本充足率（TCR）；＊＊＊、＊＊、＊分别代表在 1%、5% 和 10% 的置信水平下显著；括号内为稳健性标准差调整后的 t 值；数据采用小数点后三位四舍五入。

从表6-3的模型（1）来看，在实施资本留存和系统性资本附加后，资本留存政策促使银行其他资本缓冲下降。一方面，由于宏观审慎资本缓冲的实施会挤压其他资本缓冲，故造成其他资本缓冲的下降。另一方面，资本留存和系统性资本附加能够满足银行对于一般资本缓冲的需求，故导致其他资本缓冲出现下降趋势。为了进一步分析宏观审慎资本监管对模型斜率的影响，本书在模型中加入了宏观审慎资本监管指标与其他变量的交互项。从表6-3模型（2）中可以发现，在加入了宏观审慎资本监管与贷款增长率的交互项后，在资本留存实施的情况下，银行贷款增长会促使银行增加其他资本缓冲，以备监管部门未来对其实施的基于宏观审慎资本缓冲要求。而对我国大型银行而言，在实施系统性资本附加后，其并没有考虑贷款过度扩张所带来的系统性风险，反而加剧银行风险承担，进一步降低了大型银行的资本缓冲。从这点来看，系统重要性资本附加没有促使其将贷款增长所带来的系统性风险作为其日常经营行为需要考虑的因素或者后果，反而加剧了其道德风险，提高了银行的风险承担水平。从表6-3中模型（3）来看，对大型银行而言，系统重要性资本附加的实施，杠杆率提高（ETA下降）促使银行降低其他资本缓冲。从这点来看，系统性资本附加同样未把杠杆率所带来的系统性风险作为其日常经营行为需要考虑的因素或者后果。随着杠杆率的提高，系统重要性资本缓冲的实施使其他资本缓冲负向影响更为强烈。表6-3模型（3）的结果反映出，大型银行对于自身贷款增长和杠杆率的升高，并没有随着系统重要性资本缓冲的实施而发生经营策略和风险态度的转向，反而增加了其降低其他资本缓冲的意愿。对于系统性资本附加和资本留存的实施，监管部门需要更为明确地评估银行的系统性风险，并将其及时传达给银行，促使其把基于宏观审慎的资本要求纳入银行经营风险的目标函数当中，进一步内部化成本。与此同时，应采取措施进一步降低由于实施系统重要性资本附加导致银行道德风险的升高。

表6-3　　　　宏观审慎资本监管与其他资本缓冲的关系检验

解释变量	模型（1）	模型（2）	模型（3）
$NETBUF_{i,t-1}$	0.108 ***	0.127 ***	0.103 ***
	(3.283)	(4.348)	(3.055)
CC	-2.474 ***	-3.691 ***	-1.523 **
	(-8.696)	(-8.089)	(-2.170)
SCS	-0.205	0.994	-4.169 **
	(0.508)	(1.258)	(-2.166)

续表

解释变量	模型（1）	模型（2）	模型（3）
$CC \times \Delta LOAN_{i,t}$		6. 279 *** (3. 826)	
$SCS \times \Delta LOAN_{i,t}$		−10. 303 * （−1. 896）	
$CC \times ETA_{i,t}$			−0. 145 （−1. 423）
$SCS \times ETA_{i,t}$			0. 581 ** (2. 016)
GDP_t	−0. 095 （−0. 508）	−0. 112 * （−1. 785）	−0. 088 （−1. 321）
$TA_{i,t}$	−1. 149 *** （−2. 592）	−0. 965 ** （−2. 540）	−1. 173 *** （−2. 717）
$ROE_{i,t}$	0. 117 *** (3. 786)	0. 126 *** (3. 980)	0. 112 *** (3. 628)
$NPL_{i,t}$	−0. 401 *** （−3. 870）	−0. 417 *** （−4. 045）	−0. 402 *** （−3. 814）
$\Delta LOAN_{i,t}$	−0. 292 （−0. 217）	−3. 636 *** （−2. 737）	−0. 408 （−0. 315）
$LOAN_{i,t}$	−13. 734 *** (4. 904)	−9. 310 *** （−3. 215）	−13. 638 *** （−5. 246）
$PRO_{i,t}$	−2. 008 *** （−2. 862）	−2. 343 *** （−3. 488）	−1. 925 *** （−2. 816）
$ETA_{i,t}$	1. 285 *** (13. 757)	1. 328 *** (14. 217)	1. 342 *** (12. 149)
AR（2）	0. 782	0. 483	0. 829
Sargan	1. 000	1. 000	1. 000

注：NETBUF 为其他资本缓冲（资本充足率与资本留存和系统性资本附加后的净值）；* * *、* *、*分别代表在1%、5%和10%的置信水平下显著；括号内为稳健性标准差调整后的 t 值；数据采用小数点后三位四舍五入。

6.3　宏观审慎资本监管与系统性风险承担关系检验

风险承担（Risk Taking）指的是银行经营业务所承受的风险的大小。许多文献讨论的银行风险承担通常指的是单个银行风险承担。本书讨论的重点是防范系统性风险，故本书认为系统性风险承担可以认为是银行经营过程中所承担的系统性风险大小。在选择风险承担的变量上，实证文献常用的有 Z 值、风险资产占比、不良贷款率和预期违约频率等衡量银行的风险承担。如 Shrieves 和 Dahl（1992）、Jacques 和 Nigro（1997）、Jacques 和 Aggarwal（1998）等都用风险加权资产占总资产比重衡量银行风险，其指标可反映出银行当期的风险选择，但是其有效的前提是风险权重能够正确反映不同类型资产的风险水平。国内方面，江曙霞和陈玉婵（2012）采用风险加权资产占总资产比率、刘生福和李成（2014）采用不良贷款率、张雪兰和何德旭（2012）采用 Z 值等作为银行风险承担的指标。牛晓健和裘翔（2013）选取反映市场信心的预期违约率（EDF）作为商业银行风险的测度指标，采用 2004 年到 2011 年的季度数据检验风险承担渠道在中国的有效性。徐明东和陈学彬（2012）采用 Z 值和净贷款/总资产作为银行风险的测度指标，发现扩张性货币政策对大银行风险承担的影响更小，未发现隐性保险效果存在的证据；实证发现资本比率提高，紧缩性政策对银行风险承担抑制作用会削弱。金鹏辉等（2014）采用银行业贷款审批条件指数作为银行过度风险承担代理变量。刘生福和李成（2014）在研究货币政策与银行风险承担中，将工、农、中、建、交五家银行作为系统性重要银行，发现系统重要性银行的风险水平高于一般银行。从本书的分析来看，即便随着资本监管提高了银行资本充足率水平，但伴随着监管套利、道德风险增大等因素的影响，宏观审慎资本监管可能导致银行对系统性风险承担增加。因此，本书研究宏观审慎资本监管的实施是否会显著改变银行系统性风险的承担，检验实施政策效果。

关于银行系统性风险承担指标的选取，本书主要采用以下几个变量：（1）银行杠杆率。首先，杠杆率越高意味着银行自有资金越低，道德风险越高。其次，杠杆率由于没有风险敏感性，所以它是检验银行资本套利的有效工具。最后，从我国实证来看，银行杠杆率越高，其基于市场法所衡量的系统重要性越高（范小云等，2011）。（2）银行同业资产。银行同业资产数据作为衡量银行系统重要性指标，主要是基于两个考虑：一是其所占的资产权重低，银行可能通过这种方式实现资本套利；二是由于同业资产相比于贷款而言，在金融体系中具有较高的关联性，因此，同业资产可能成为银行冲击传染的重要途径之一。（3）基于市场法所衡量的银行系统重要性。银行的系统重要性，即银行在系统性风险中的贡献度。该指标能够从市场的角度衡量单个银行在金融市场中所贡献的风险。

6.3.1 模型设定

本节模型设定的目的是考察宏观审慎资本监管与银行系统性风险承担的关系。鉴于资本监管在防范系统性风险中可能会导致非预期效应，本节检验宏观审慎资本监管是否会导致监管套利，即银行将配置更多的具有系统性风险的资产，而这可能导致银行体系更大的系统性风险。资本充足率在市场中具有维持银行信心、降低信息不对称的作用。资本充足率的高低也是衡量银行对于自身风险态度的指标之一。系统重要性资本附加的实施对银行而言，同样也意味着政府对银行更高级别的担保，从而可能加剧道德风险。因此，系统重要性资本附加的实施一方面可能会替代银行资本充足率的作用，另一方面导致资本充足率对银行影响发生改变。因此，为了进一步研究系统重要性资本附加的效果，本节在模型中增加了系统重要性资本监管与银行资本充足率的交互项，考察在实施系统重要性资本附加，是否会强化银行道德风险，改变资本充足率对银行承担系统性风险的态度。为了研究宏观审慎资本监管实施对银行资本缓冲与系统性风险承担之间关系的影响，本节设定以下模型：

$$RISK_{i,t} = \alpha_i + \beta_1 CS_{i,t} + \beta_2 CON_{i,t} + \varepsilon_{i,t} \tag{6.5}$$

$$RISK_{i,t} = \alpha_i + \beta_1 CS_{i,t} + \beta_2 CS_{i,t} \times TCR_{i,t} + \beta_3 CON_{i,t} + \varepsilon_{i,t} \tag{6.6}$$

6.3.2 实证结果分析

根据豪斯曼检验判断，固定效应模型更适合模型。从表6-4模型（1）实证结果来看，资本充足率越高，银行的杠杆水平越低。不良贷款率越高，杠杆率越低。实施资本留存和实施系统性资本附加对银行的杠杆率没有显著的影响。在表6-4模型（2）中加入了资本留存与银行利润交互项以及系统重要性资本附加与银行利润的交互项后发现，资本留存与银行利润的交互项均显著影响到银行的杠杆率。从表6-4模型（2）的估计系数来看，资本留存与其杠杆率正相关（与ETA负相关），这表明资本留存的实施提高了我国银行的杠杆率；资本留存与银行利润交互项与杠杆率负相关，则表明资本留存通过银行利润降低了杠杆。在表6-4模型（3）中，本书发现，系统重要性资本附

加与资本充足率的交互项与其杠杆率呈正相关关系，资本充足率和系统重要性
资本附加对银行杠杆率存在相互削弱（Compensating）的关系。这表明银行在
系统重要性资本附加实施和资本充足率的保护下，银行也更愿意承担高杠杆
率。从模型的实证结果本书可以推断，系统重要性资本附加对我国大型银行杠
杆率有着多重影响：一方面，如果仅从表 6－4 模型（3）的 SCS 的估计系数
和检验来看，系统重要性资本缓冲的实施与银行杠杆率负相关（与 ETA 正相
关）。另一方面，系统重要性资本附加对杠杆率提高的抑制作用会随着资本充
足率的上升而削弱。银行在系统重要性资本附加情况下，资本充足率会显著提
高杠杆率。在系统重要性资本缓冲实施情况下，银行资本充足率的提高对银行
而言意味着有更多的空间提高杠杆率水平。由表 6－4 模型（2）和模型（3）
可见，系统重要性资本附加防范银行杠杆率的有效性由于银行系统重要性资本
附加和资本充足率之间的相互削弱关系而表现得并不显著。

表 6－4　　　　　宏观审慎资本监管与系统性风险承担（ETA）模型

解释变量	模型（1）	模型（2）	模型（3）
CC	0.178 (1.017)	－1.064 *** （－2.891）	－1.073 *** （－2.924）
SCS	0.073 (0.216)	1.852 (1.063)	4.570 ** (2.218)
$TCR_{i,t}$	0.397 *** (8.603)	0.447 *** (12.938)	0.448 *** (12.926)
$CC \times PRO_{i,t}$		1.334 *** (4.823)	1.335 *** (4.846)
$SCS \times PRO_{i,t}$		－1.867 （－1.368）	－0.739 （－0.569）
$SCS \times TCR_{i,t}$			－0.309 ** （－2.283）
GDP_t	－0.010 （－0.257）	－0.042 （－0.951）	－0.044 （－0.995）
$TA_{i,t}$	0.319 (1.349)	0.522 ** (2.008)	0.528 (2.020)
$ROE_{i,t}$	－0.111 *** （－3.301）	－0.046 *** （－4.008）	－0.046 *** （－4.077）

续表

解释变量	模型（1）	模型（2）	模型（3）
$NPL_{i,t}$	0.124 **	0.111 *	0.112 *
	(2.137)	(1.814)	(1.833)
$\Delta LOAN_{i,t}$	−0.289	−0.472	−0.485
	(−0.321)	(−0.621)	(−0.641)
$LOAN_{i,t}$	6.437 ***	7.825 ***	7.881 ***
	(3.508)	(4.326)	(4.342)
$PRO_{i,t}$	2.278 ***		
	(3.641)		
R^2	0.742	0.714	0.716

注：解释变量为银行资本与总资产比重（ETA）；＊＊＊、＊＊、＊分别代表在1%、5%和10%的置信水平下显著；括号内为稳健性标准差调整后的 t 值；数据采用小数点后三位四舍五入。

表6－5 的检验结果反映的是我们从 MES 和 $\Delta CoVaR$ 方面验证的宏观审慎资本监管的效果。从表6－5 的模型（1）来看，资本留存的实施能够降低银行的 MES 和 CoVaR，能够抑制银行的系统性风险，但系统重要性资本附加没有表现出显著性。在表6－5 模型（2）中加入了杠杆率指标，系统重要性资本附加未表现出显著性。在模型（3）中加入了系统重要性资本附加与资本充足率的交互项。在表6－5 模型（3）情况下，系统重要性资本附加与资本充足率的交互项与系统重要性呈正相关。在上一节表6－4 模型（3）中发现系统重要性资本附加与资本充足率的交互项会提高杠杆率，意味着银行在实施系统重要性资本附加后，资本充足率会增加银行系统性风险。表6－5 的模型（3）表明，市场参与者能够反映出大型银行在实施系统重要性资本附加后，资本充足率上升意味着系统性风险更高的情形。从市场约束的视角来看，我们在对大型银行的资本监管中，应该将纳入市场信息所反映的银行系统重要性与银行的自身信息相结合，提高评判银行系统重要性的准确性。

表6－5　　　宏观审慎资本监管与市场法衡量系统重要性（MES）

解释变量	模型（1）	模型（2）	模型（3）
CC	−0.040 ***	−0.039 ***	−0.041 ***
	(−5.821)	(−5.697)	(−5.583)
SCS	0.002	0.002	−0.036 **
	(0.765)	(1.019)	(−2.583)

续表

解释变量	模型（1）	模型（2）	模型（3）
$TCR_{i,t}$	0.000 （0.378）	0.000 （0.613）	0.000 （0.057）
$ETA_{i,t}$		−0.001 （−0.754）	
$SCS \times TCR_{i,t}$			0.003 ** （2.599）
GDP_t	0.006 *** （5.188）	0.006 *** （5.291）	0.007 *** （5.139）
$TA_{i,t}$	0.010 （1.146）	0.009 （1.121）	0.011 （1.212）
$ROE_{i,t}$	0.001 * （2.157）	0.000 （1.530）	0.001 * （1.861）
$NPL_{i,t}$	−0.003 （−0.919）	−0.002 （−0.783）	−0.003 （−0.932）
$\Delta LOAN_{i,t}$	−0.009 （−1.524）	−0.007 （−1.422）	−0.010 （−1.699）
$LOAN_{i,t}$	0.010 （0.372）	0.009 （0.359）	0.006 （0.199）
$PRO_{i,t}$	−0.004 （−0.844）	−0.001 （−0.157）	−0.003 （−0.473）
R^2	0.950	0.950	0.953

注：被解释变量为 MES；＊＊＊、＊＊、＊分别代表在1%、5%和10%的置信水平下显著；括号内为稳健性标准差调整后的 t 值；数据采用小数点后三位四舍五入。

表6 - 6　　宏观审慎资本监管与市场法衡量系统重要性（$\Delta CoVaR$）

解释变量	模型（1）	模型（2）	模型（3）
CC	−0.027 *** （−8.091）	−0.027 *** （−8.369）	−0.027 *** （−7.850）
SCS	−0.001 （−0.408）	−0.001 （−0.328）	−0.021 ** （2.202）
$TCR_{i,t}$	0.000 （0.215）	0.000 （0.410）	−0.000 （−0.013）

续表

解释变量	模型（1）	模型（2）	模型（3）
$ETA_{i,t}$		-0.000	
		(-0.602)	
$SCS \times TCR_{i,t}$			0.002^{**}
			(2.090)
GDP_t	0.006^{***}	0.006^{***}	0.007^{***}
	(5.188)	(5.291)	(5.139)
$TA_{i,t}$	0.010^{**}	0.010^{**}	0.010^{**}
	(2.257)	(2.272)	(2.329)
$ROE_{i,t}$	0.000^{**}	0.000^{**}	0.000^{**}
	(2.804)	(2.345)	(2.422)
$NPL_{i,t}$	0.002	0.002	0.002
	(1.145)	(1.347)	(1.077)
$\Delta LOAN_{i,t}$	-0.002	-0.001	-0.003
	(-0.622)	(-0.327)	(-0.766)
$LOAN_{i,t}$	0.015	0.015	0.013
	(0.943)	(0.975)	(0.771)
$PRO_{i,t}$	-0.001	0.000	-0.000
	(-0.412)	(0.116)	(-0.116)
R^2	0.959	0.959	0.961

注：被解释变量为 $\Delta CoVaR$；＊＊＊、＊＊、＊分别代表在1%、5%和10%的置信水平下显著；括号内为稳健性标准差调整后的t值；数据采用小数点后三位四舍五入。

在表6-7中，本书采用同业贷款衡量银行的同业业务作为银行系统性风险承担变量。同业贷款（Loans and Advances to Banks）包括存放同业、拆出资金和买入返售金融资产。从表6-7来看，银行资本充足率越高，银行同业贷款越低。这表明，银行资产充足率越高，其经营同业贷款的动力越低。随着宏观审慎资本监管的实施，银行的同业业务显著下降。这表明，总体来看，我国宏观审慎监管的实施没有引起同业贷款显著增加，并且在一定程度上降低了银行的系统性风险。更进一步分析，在表6-7模型（2）中，本书加入系统重要性资本附加指标与资本充足率的交互项，可以发现其能够提高银行的同业资产。这表明，在实施宏观审慎资本监管情况下，银行资本充足率会增加银行同业资产，银行在系统重要性资本附加实施后，资本充足率会弱化系统重要性附加对于其对关联度较高的同业资产的抑制。资本充足率和系统重要性资本附加之间存在相互削弱现象。

表 6 - 7　　　　　　　　　宏观审慎资本监管与银行同业业务

解释变量	模型（1）	模型（2）
$DFBTA_{i,t}$	0. 129 **	0. 131 **
	(2. 121)	(2. 148)
CC	- 0. 089 **	- 0. 092 ***
	(- 2. 564)	(- 2. 634)
SCS	- 0. 023 *	- 0. 276 ***
	(- 1. 888)	(3. 607)
$TCR_{i,t}$	- 0. 001 *	- 0. 001 *
	(- 1. 808)	(- 1. 836)
$SCS \times TCR_{i,t}$		0. 019 ***
		(3. 402)
GDP_t	- 0. 002	- 0. 002
	(- 0. 344)	(- 0. 365)
$ROE_{i,t}$	0. 000	0. 000
	(0. 758)	(0. 809)
$NPL_{i,t}$	- 0. 001	- 0. 001
	(- 0. 450)	(- 0. 456)
$LOAN_{i,t}$	- 0. 251 ***	- 0. 258
	(- 2. 762)	(- 2. 797)
$LIQ_{i,t}$	0. 005 ***	0. 005 ***
	(14. 507)	(14. 297)
$NIM_{i,t}$	- 0. 012 **	- 0. 012 **
	(- 2. 165)	(- 2. 149)
R^2	0. 604	0. 606

注：解释变量为同业贷款占总资产比重；＊＊＊、＊＊、＊分别代表在1%、5%和10%的置信水平下显著；括号内为稳健性标准差调整后的 t 值；数据采用小数点后三位四舍五入。

6.4　宏观审慎资本监管削弱大型银行不公平竞争检验

6.4.1　模型设定

宏观审慎资本监管的机制之一在于资本附加通过提高银行经营成本减少系统重要性银行的不公平竞争。为了检验系统重要性资本附加对我国大型银行经营的影响，本节设定以下模型，检验系统重要性资本附加是否能够显著影响银行的净息差。

$$NIM_{i,t} = \alpha_i + \beta_1 SCS_{i,t} + \beta_2 CON_{i,t} + \varepsilon_{i,t} \tag{6.7}$$

净息差（NIM）为利息收入与利息支出的差额与生息资产的比重，衡量的是银行生息资产的盈利能力。

$$MP_{i,t} = \alpha_i + \beta_1 SCS_{i,t} + \beta_2 CON_{i,t} + \varepsilon_{i,t} \tag{6.8}$$

考虑到我国银行业的竞争主要表现在规模竞争和市场份额竞争（徐明东和陈学彬，2012），本书采用银行资产与银行业总资产之比衡量银行的市场力量（Williams B.，2007；Nguyen，2012；刘莉亚等，2014），检验系统重要性资本附加对银行市场力量的影响程度。

6.4.2 实证结果分析

从表6-8的实证检验结果来看，总体而言，系统重要性资本附加对于我国大型银行的盈利能力有显著的负面影响，系统重要性资本附加导致银行净息差显著下降。从交互项来看，系统重要性资本附加的实施，削弱了银行规模对银行净息差的负向影响。与此同时，表6-8模型（3）表明，系统重要性资本附加的实施降低了资本充足率对银行净息差的正向影响。这表明系统重要性资本附加的实施，作为一种强烈的信号，一定程度上替代了资本充足率对银行产生的正面效应，如维护银行清偿能力和信心的作用。这也从侧面反映出系统重要性资本附加能够给予银行更大的信用保证。表6-8模型（3）也表明，系统重要性资本附加的实施显著削弱了银行规模对银行盈利能力的抑制。

表6-8 宏观审慎资本监管与银行净息差

解释变量	模型（1）	模型（2）	模型（3）
SCS	-0.397 *** (-3.103)	-0.344 *** (-2.649)	-4.628 ** (-2.126)
$SCS \times TCR_{i,t}$			-0.091 * (-1.185)
$SCS \times TA_{i,t}$			0.237 ** (2.153)
$TCR_{i,t}$		0.023 *** (3.076)	0.024 *** (3.088)
$TA_{i,t}$	-0.581 *** (-4.393)	-0.581 *** (-3.760)	-0.516 *** (-3.715)

解释变量	模型（1）	模型（2）	模型（3）
GDP_t	0.095 *	0.076	0.078
	（1.963）	（1.315）	（1.341）
$NPL_{i,t}$	− 0.004	0.011	0.011
	（− 0.304）	（0.651）	（0.690）
$CTIR_{i,t}$	− 0.019 ***	0.021 ***	− 0.021 ***
	（− 4.884）	（− 5.942）	（− 5.543）
R^2	0.338	0.347	0.348

注：解释变量为银行净息差；＊＊＊、＊＊、＊分别代表在1%、5%和10%的置信水平下显著；括号内为稳健性标准差调整后的 t 值；数据采用小数点后三位四舍五入。

由表6－9实证结果可见，总体而言，系统性资本附加能够显著降低五大银行的市场力量，对于维护银行公平性有促进作用。从表6－9模型（3）可见，规模越大、资本充足率越高，系统重要性资本附加对银行市场力量的抑制作用越大。

表6－9　　　　　　　　宏观审慎资本监管与银行市场力量

解释变量	模型（1）	模型（2）	模型（3）·
SCS	− 0.017 ***	− 0.016 ***	0.557 ***
	（− 3.336）	（− 3.529）	（6.577）
$SCS \times TCR_{i,t}$			− 0.002 **
			（− 2.157）
$SCS \times TA_{i,t}$			− 0.024 ***
			（− 6.833）
$\Delta LOAN_{i,t}$		− 0.002	− 0.002
		（− 1.290）	（− 1.429）
$TCR_{i,t}$		0.000	0.000
		（0.824）	（1.355）
$TA_{i,t}$	0.002 **	0.003 ***	0.002 ***
	（2.567）	（2.811）	（3.211）
GDP_t	− 0.002	0.001 **	0.000 **
	（− 1.334）	（2.313）	（2.299）
$CTIR_{i,t}$	0.000	0.000	0.000
	（0.083）	（0.324）	（0.681）

解释变量	模型（1）	模型（2）	模型（3）
$NPL_{i,t}$	0.000 （0.342）	0.000 （0.917）	0.000 （1.484）
R^2	0.501	0.537	0.789

注：解释变量为银行市场力量；＊＊＊、＊＊、＊分别代表在1%、5%和10%的置信水平下显著；括号内为稳健性标准差调整后的 t 值；数据采用小数点后三位四舍五入。

6.5　银行系统重要性维度之间的权衡效应检验

从上节表6－9的实证结果可见，资本附加能够降低大型银行占银行业总规模的比重（市场力量）。从防范系统性风险的角度来看，系统重要性资本附加也有可能促进其他维度的系统重要性的增加，如复杂度和关联度等。根据中国银监会关于系统重要性评估的方法，银行系统重要性主要包括规模、可替代性、关联度和复杂性，并且四个方面具有等额权重。系统重要性附加资本按照系统性风险贡献度而计提相应的资本附加。在现阶段，我国对大型银行的系统重要性资本附加暂定为1%。但对于银行而言，由规模和关联度以及复杂性和可替代性所带来的系统重要性对于银行所带来的收益和成本是存在差异的。当监管部门将其纳入系统重要性机构并施加资本附加，对大型银行而言，由于其规模十分巨大，规模在整个银行体系所占据的系统重要性较高，而基于关联度、复杂度方面的系统重要性可能并不比其他银行高。毛奉君（2011）认为目前认定系统重要性机构的标准仍然侧重于规模维度，而对于关联度、替代程度和业务同质度等指标还需要深入研究。从数据来看，兴业银行在2012年的同业资产占其总资产的36%，其在关联度的系统重要性甚至高于部分大型银行。系统重要性资本附加的实施，使大型银行为了维持自身的系统重要性不再升高，可能增加其在关联度或者复杂度方面的系统重要性，而降低在规模方面的重要性，以弥补由于资本附加而带来的负面影响。

6.5.1　模型设定

为了检验宏观审慎资本监管实施对银行系统重要性的权衡，本节设定以下模型：

$$INTERBANK_{i,t} = \alpha_i + \beta_1 SCS_{i,t} + \beta_2 CON_{i,t} + \varepsilon_{i,t} \tag{6.9}$$

$$SECURITIES_{i,t} = \alpha_i + \beta_1 SCS_{i,t} + \beta_2 CON_{i,t} + \varepsilon_{i,t} \tag{6.10}$$

规模方面，本书采用银行资产规模占总资产规模比重（asset）衡量。关联度方面，本书采用同业贷款占总同业贷款比重和同业借款占总同业借款比重之和（interbank）加以衡量。同业贷款（Loans and Advances to Banks）包括存放同业、拆出资金和买入返售金融资产，银行同业借款（Deposits from Banks）包括同业存放和卖出回购金融资产和拆入资金。复杂性方面，我们采用银行投资证券占总投资证券比重衡量（securities）。其主要包括以公允价值计量且其变动计入当期损益的金融资产（本行持有的直接指定为以公允价值计量且其变动计入当期损益的金融负债）、可供出售金融资产、长期股权投资、持有至到期投资、应收账款类投资。国内关于可替代性指标选取方面，国内学者（巴曙松和高江健，2012；周强和杨柳勇，2014）认为银行提供的主要是信贷服务，采用企业贷款及垫款和个人贷款及垫款作为衡量银行可替代性指标。由于其指标与规模指标具有较高的相关度，本书没有将可替代性指标纳入模型进行分析和检验。为了更好地衡量银行对于其自身所具有的系统重要性的权衡，本书采用银行同业贷款在总同业贷款比重与银行资产占银行总资产比重（INTERBANK）、银行证券投资在总投资证券比重与银行资产占银行总资产比重（SECURITIES）衡量银行系统重要性之间的权衡。虽然在2013年，银监会把银行同业资产风险由以往原始期限三个月以内同业资产风险权重为0、三个月以上风险权重为20%统一调整为25%，提高了同业资产的风险权重。但由于同业资产相比贷款，具有更低的资本消耗，同时其具有更高的系统性和流动性，因而同业业务成为我国银行调整资产负债结构、减少资本占用、增加经营收益的重要经营业务。

$$INTERBANK_{i,t} = \left(\frac{interbank_{i,t}}{\sum_i interbank_{i,t}} \right) \bigg/ \left(\frac{asset_{i,t}}{\sum_i asset_{i,t}} \right) \tag{6.11}$$

$$SECURITIES_{i,t} = \left(\frac{securities_{i,t}}{\sum_i securities_{i,t}} \right) \bigg/ \left(\frac{asset_{i,t}}{\sum_i asset_{i,t}} \right) \tag{6.12}$$

如INTERBANK提高时，说明银行在系统重要性的权衡过程中，相对而言提高了自身关联度的系统重要性，而相对降低了自身规模的系统重要性。SECURITIES提高时，说明银行在系统重要性的权衡过程中，相对而言提高了关于复杂程度方面的系统重要性，而相对降低了自身规模的系统重要性。为了进一步分析资本附加实施是否改变资本充足率对银行系统重要性维度调整的影响，我们在模型中加入了交互项。

6.5.2 实证结果分析

由表 6 - 10 模型（1）可见，系统重要性资本附加对银行的系统重要性关联度与规模维度之间权衡没有显著的影响；由表 6 - 10 模型（3）可见，系统重要性资本附加对银行的复杂度与规模维度之间的权衡存在显著的影响。系统重要性资本附加会促使大型银行降低复杂度而相对提高规模。由表 6 - 10 模型（2）和模型（4）可见，从系统重要性指标与资本充足率交互项来看，发现系统重要性资本附加呈现显著负相关，这表明资本附加的实施，降低了银行在关联度方面的系统性风险贡献度，而资本充足率却弱化了资本附加与银行关联度之间的（INTERBANK）的负相关性。从模型（3）和模型（4）来看，系统重要性资本附加的实施能够显著降低银行的复杂度（SECURITIES），而且其降低的主要渠道是通过资本充足率的影响。从以上检验可以看到，系统重要性资本附加的实施对于不同的系统重要性维度有着不同的影响。在实施系统重要性附加后，银行资本充足率会大幅度弱化系统重要性资本附加对银行关联度的抑制；银行资本充足率会显著降低银行复杂度。由于权重相同，银行系统重要性的调整很可能为银行套利行为。特别是在不同时期，经济金融环境存在差异，银行系统重要性各个维度对系统性风险的影响可能也存在差异。监管部门需要关注到实施系统重要性附加后，银行系统重要性之间维度的调整对于整体银行系统重要性的影响。

表 6 - 10　　　系统重要性资本附加与银行系统重要性的权衡

解释变量	模型（1）	模型（2）	模型（3）	模型（4）
SCS	-0.252	-3.329 ***	-0.289 ***	0.385
	(-1.442)	(-2.971)	(-4.357)	(1.214)
$SCS \times TCR_{i,t}$		0.234 ***		-0.051 **
		(2.694)		(-2.247)
$TCR_{i,t}$	-0.007	-0.007	0.013 ***	0.013 ***
	(0.730)	(-0.717)	(3.976)	(3.950)
$TA_{i,t}$	1.698 ***	1.713 ***	0.382 ***	0.377 ***
	(7.869)	(7.904)	(3.557)	(3.496)
GDP_t	-0.723 ***	-0.726 ***	-0.056 **	-0.055 **
	(-5.249)	(-5.226)	(-2.116)	(-2.056)
$ROE_{i,t}$	0.003	0.003	0.001	0.001
	(0.402)	(0.449)	(0.496)	(0.446)

续表

解释变量	模型（1）	模型（2）	模型（3）	模型（4）
$NPL_{i,t}$	-0.050^{*}	-0.050^{*}	-0.008	-0.008
	(-1.921)	(-1.928)	(-1.089)	(-1.075)
$LIQ_{i,t}$	0.074^{***}	0.074^{***}	-0.018^{***}	-0.017^{***}
	(15.055)	(15.190)	(-9.762)	(-9.610)
$NIM_{i,t}$	-0.247^{***}	-0.247^{***}	-0.073^{***}	-0.073^{***}
	(-2.901)	(-2.903)	(-3.424)	(-3.413)
R^2	0.661	0.662	0.477	0.478

注：模型（1）和模型（2）解释变量为 INTERBANK，模型（3）和模型（4）解释变量为 SECU-RITIES；***、**、* 分别代表在 1%、5% 和 10% 的置信水平下显著；括号内为稳健性标准差调整后的 t 值；数据采用小数点后三位四舍五入。

6.6　本章小结

本章运用我国银行样本数据考察了宏观审慎资本监管的政策效果。资本留存虽然是逆周期资本管理框架的一部分，但其主要作用在于防范市场失灵，确保银行能够有效增加资本缓冲的措施。因此本章对资本留存也进行了实证分析。从实证检验来看，我国商业银行在贷款增长过程中，考虑到了资本留存对银行的限制作用，从而抑制了贷款增长降低资本缓冲的作用。资本留存的实施降低了银行在金融市场所反映系统性风险承担。对系统重要性资本附加而言，本书发现系统重要性资本附加的实施对银行存在多重影响。系统重要性资本附加的实施显著削弱银行资本充足率抑制银行系统性风险承担的影响。因此，实施系统重要性资本附加降低银行系统性风险承担的效应由于银行道德风险增加而大幅降低。系统重要性资本附加的实施显著削弱了银行规模对银行盈利能力的抑制，显著削弱了银行资本充足率对银行盈利能力的提升。此外，系统重要性资本附加能够显著影响到银行系统重要性维度之间的权衡。由本章的实证检验可见，宏观审慎资本监管一定程度上能够提高银行的稳健性，如降低同业贷款规模，削弱大型银行的盈利能力和市场力量。但由于实施系统重要性资本附加作为政府对大型银行提高信用担保的强烈信号，促使其发挥作用受到削弱。

7. 主要结论及政策建议

　　宏观审慎管理是 2008 年国际金融危机后国际社会对金融监管改革达成的共识。宏观审慎资本监管是宏观审慎管理的重要内容之一。国际金融危机后，一些宏观审慎资本监管在我国陆续开始实施，监管部门正在研究制定我国逆周期资本缓冲实施细则。本书围绕宏观审慎资本监管作用机制和效果检验，分析了宏观审慎资本监管的目的、作用机制以及实施效果和可能出现的非预期效果，并运用我国银行样本数据，进行了实证研究。本书从资本监管防范系统性风险的时间维度和截面维度视角，研究分析了宏观审慎资本监管防范系统性风险的作用机制、实践效果以及存在的问题。全文主要包括以下几个部分：（1）本书回顾了巴塞尔协议的发展和资本监管在危机后的发展。本书重点分析了危机后有关资本监管的改革，以及基于宏观审慎要求而提出的资本监管种类和作用。（2）总结了银行顺周期因素并采用了动态面板 GMM 方法检验了我国不同类型银行资本缓冲的周期性。在分析了我国资本缓冲周期性内在形成机制后，重点检验了银行资本补充行为和资本消耗行为、银行平均风险权重对我国资本缓冲周期性的影响，并发现我国不同类型银行在经济周期中表现出的差异性。（3）利用监管压力指标检验逆周期资本缓冲实施的有效性，检验了不同类别银行以及不同监管压力对银行资本缓冲影响的差异性。（4）重点分析了宏观审慎资本监管防范银行系统性风险的作用机制以及实施宏观审慎资本监管可能带来的非预期效应。（5）针对宏观审慎资本监管的目的和机制，构建检验宏观审慎资本监管效果的计量模型，考察了其对银行损失吸收能力、系统性风险承担、削弱不公平竞争、系统重要性权衡等因素的影响。在模型中，利用资本充足率和系统重要性资本附加的交互项检验系统重要性资本附加实施给银行带来的道德风险问题。

7.1　主要结论

本书发现：（1）整体而言，我国大型银行和股份制银行具有逆周期性，而城市和农村商业银行资本缓冲与经济周期关系呈现显著负相关关系。（2）逆周期资本缓冲对不同驱动因素所导致的信贷顺周期的效果是存在差异的，因此，为了进一步分析银行资本缓冲周期性的内在形成机制，本书进行了更为深入的研究。实证研究发现，虽然繁荣时期，商业银行通过利润能够补充资本，但繁荣时期所带来的银行资本补充不足以弥补银行资本消耗，存在繁荣时期资本消耗与资本补充不足的矛盾；繁荣时期，大型银行和股份制银行的资本监管约束力下降。城市和农村商业银行虽然随着银行平均风险权重的提高会提高资本缓冲，但繁荣时期会显著地弱化资本缓冲的提高。（3）在研究逆周期资本缓冲有效性方面，本书发现逆周期资本缓冲的实施能够有效提高银行资本缓冲，从而在整体上提高银行业的稳定性，但面对不同的监管压力情况下，逆周期资本缓冲实施的效果存在差异。此外，逆周期资本缓冲的实施并未对银行信贷产生显著影响。故从实证结果来看，本书认为，繁荣时期，商业银行面临着利润补充不足和贷款消耗资本过高的矛盾。与此同时，由于繁荣时期大型银行和股份制银行的资本监管约束力下降，大型银行和股份制银行实施逆周期资本缓冲的迫切性高于城市和农村商业银行。在繁荣时期，城市和农村商业银行具有非常强烈的风险承担冲动，因此，针对此类银行的逆周期资本监管，不仅需要针对资本监管而实施逆周期资本缓冲，还应该关注繁荣时期城市和农村商业银行风险承担的冲动，并制定合理的逆周期措施，促使银行实现逆周期资本缓冲运行。

从本书对宏观审慎资本监管非预期效应的分析，在隐性存款担保转向显性存款保险和我国政府对银行破产容忍度上升的背景下，对我国大型银行实施宏观审慎资本监管可能意味着更高的政府救助保证和更为有利的竞争地位。从本书对资本留存和系统重要性资本附加的检验和分析来看，我国商业银行在贷款增长过程中，考虑到了资本留存对银行的限制作用，从而抑制了贷款增长降低资本缓冲的作用。资本留存的实施降低了银行在金融市场所反映系统性风险承担。对系统重要性资本附加而言，本书发现系统重要性资本附加的实施对银行存在多重影响。系统重要性资本附加的实践效果往往由于道德风险加剧而显著削弱。具体来看，结论主要有以下几点：（1）系统重要性资本附加没有促使银行将贷款增长和杠杆率提高所带来的系统性风险作为其日常经营行为需要考虑的因素或者后果，反而可能加剧了其道德风险，造成银行资本缓冲下降。故从实证检验来看，对于系统重要性资本附加的实施，监管部门需要更为明确地估计银行的系统性风险并将其及时传达给银行，促使其将基于宏观审慎的资本要求纳入银行经营风险的目标函数当中，进一步内部化成本。（2）总体而言，资本留存和系统重要性资本附加没有对银行的杠杆率产生显著的影响。但随着系统重要性资本附加的实施，银行资本充足率意味着能够承担更高的杠杆率，资本附加给银行带来了道德风险问题。（3）从市场法所度量的银行系统重要性来看，资本留存的实施能够降低银行的 MES 和 $\Delta CoVaR$，即能够抑制银行的系统性风险。资本充足率能够显著削弱系统重要性资本附加对 MES 和 $\Delta CoVaR$ 降低的效应。这也意味着，市场参与者能够反映出大型银行在实施系统重要性资本附加后，资本充足率削弱系统重要性资本附加对银行系统重要性的抑制作用。从市场约束的视角来看，在对大型银行的宏观审慎资本监管中，应该纳入市场信息所反映的银行系统重要性。（4）宏观审慎资本监管能够显著降低银行的同业贷款规模，但资本充足率能够显著削弱系统重要性资本附加对银行同业贷款降低的效应。这表明银行在系统重要性资本附加实施后，随着资产充足率的上升，会增加系统性风险资产的配置。（5）系统重要性资本附加能够显著降低大型银行的盈利能力和市场力量。但系统重要性资本附加的实施作为一种强烈的信号，一定程度上替代了资本充足率对银行产生的正面效应，如维护银行清偿能力和信心的作用。（6）系统重要性资本附加的实施会显著降低银行的复杂度而相对提高银行规模，但资本充足率却显著弱化了系统重要性资本附加与银行关联度（INTERBANK）的负相关性。从本书的实证检验来看，宏观审慎资本附加能够起到防范系统重要性机构风险的作用。但与此同时，本书也发现了系统重要性资本附加的实施对于其提高银行风险承担的证据。这表明，虽然系统重要性资本附加整体上具有一定效力，但资本充足率和系统重要性资本附加的相互削弱效应意味着，实施系统重要性资本附加，资本充足率会进一步增大银行的系统性风险。银行在实施系统重要性资本附加后，资本充足率会促使银行加强自身的系统性风险，系统重要性资本附加的实施造成大型银行更大的道德风险，从而削弱了系统重要性资本附加的有效性。

7.2　政策建议

7.2.1　进一步细化宏观审慎资本监管制度

从时间维度来看，在逆周期资本缓冲机制中应该考虑到以下几个方面：（1）应考虑到我国不同类型银行在面对经济周期时表现出不同的周期性内在形成机制。本书实证结果表明，大型银行和股份制银行具有逆周期性，而城市和农村商业银行表现出顺周期性。但从逆周期监管角度来看，经济周期对资本缓冲所产生的综合反映并不能有效指导宏观审慎管理部门开展逆周期监管工作的实施，而判别影响银行资本缓冲周期性的内在形成因素才是逆周期监管有效实施的前提。由于大型银行和股份制银行资本监管在繁荣时期约束力下降，大型银行和股份制银行实施逆周期资本缓冲的迫切性更高。因此，监管部门在实施逆周期资本缓冲过程中需要对其重点关注，尽快对大型银行和股份制银行实施逆周期资本缓冲。而城市和农村商业银行在繁荣时期表现出更强的风险承担欲望。因此，监管部门应该根据城市和农村商业银行的周期性特征，在繁荣时期制定更有针对性的逆周期监管工具，抑制其过度风险承担。（2）在逆周期资本缓冲实施中，应考虑到逆周期资本缓冲实施对银行监管压力的变化，如在逆周期资本缓冲达不到监管部门要求情况下的处罚措施以及银行资本缓冲水平等因素，提高逆周期资本缓冲实施的有效性。（3）从实证研究可见，我国逆周期资本缓冲并不能有效抑制信贷增长。因此，对于抑制信贷增长，监管部门应该采用其他诸如贷款价值比、债务收入比等措施限制信贷过快增长，而不能寄希望于逆周期资本缓冲工具。

从截面维度来看，在系统重要性资本附加机制中，由于我国现阶段系统重要性资本附加为1%，在2018年以前，监管部门还未公布系统重要性资本附加实施的细则和调整方案，故从实证检验来看，银行并没有将贷款增长率或者杠杆率纳入其日常系统性风险管理的范畴。在2018年11月发布的《关于完善系统重要性金融机构监管的指导意见》中，明确了根据金融机构的系统重要性程度，附加资本采用连续法计算。因此本书建议，我国应尽快落实系统重要性资本附加的实施细则和评估方法，促使银行将其系统重要性的变化纳入其日常资本缓冲调整的目标当中，提高银行的稳健性。从实证来看，银行资本充足率与系统重要性资本附加往往存在相互削弱效应而导致系统重要性资本附加作用不明显。因此，本书认为系统重要性资本附加的实施虽然能够起到防范系统重要性银行风险的目的，但同时也会因此而造成大型银行更大的道德风险和风险承担。故本书建议，在实施系统重要性资本附加的同时，需要监管部门运用各类宏观审慎管理工具进行综合管控，如对大型银行的外部性进行总量限制等措施，安排危机救助和清算等措施，抑制大型银行道德风险。美国《多德—弗兰克法案》中规定了有序清算，即避免"大而不能倒"以及政府救助而导致道德风险，但其是否能够得到执行也存在疑虑。此外，从我国实践来看，如何将系统重要性与其资本附加有机地联系起来值得进一步改进。虽然监管层面开始运用指标法对大型银行进行评价，但现行的标准暂定统一为 1% 的固定值。在资本附加相同的情况下，银行同样可能存在另一种资本监管套利。如何把资本附加和系统性风险科学合理匹配，如一家关联性很大的银行和一家资产规模很大的银行，或者一家持有系统性风险资产的银行，虽然都持有 1% 系统重要性资本附加，但各家银行的系统重要性在不同时期和不同的金融环境下并不相同。系统重要性资本附加的实施对其产生的影响也不尽相同。因此，系统重要性资本附加的实施还需要进一步完善和总结。本书建议，监管部门在对银行实施系统重要性资本附加过程中，还需要对银行体系系统性风险的触发点进行有效的监控，并根据不同时期的情况，及时调整系统重要性指标的评价。2018 年发布的《关于完善系统重要性金融机构监管的指导意见》中虽然明确附加资本采用连续法计算，但对于规模、关联度、复杂性、可替代性、资产变现等的权重还需进一步细化。

7.2.2　促进市场约束机制和宏观审慎资本监管相结合

从本书实证来看，银行资本充足率显著削弱了系统重要性资本附加对市场法所反映的银行系统重要性的抑制作用。这表明市场法所反映的银行系统重要性能够在一定程度上反映出银行在实施系统重要性资本附加情况下所带来的道德风险。因此，应该将市场法所反映的系统重要性纳入宏观审慎资本监管当中。BIS（2010）认为通过影响市场参与者行为，监管机构的信息沟通能够在控制系统性风险上起作用。随着我国金融市场的发展，我们应进一步发挥市场信息和市场约束在宏观审慎管理中的作用。市场约束的两个条件包括：一是关于金融机构的风险状况的信息要充分、及时。二是金融机构的债权人必须认识到自己正在承受风险，而且他们对市场信号的反应要是可观测的（马里奥·J.列托，2013）。故从改进市场约束在支持宏观审慎管理所发挥的作用也需要从这两个条件入手。一是进一步提高商业银行信息披露内容的质量并扩大信息披露范围。由于商业银行经营业务复杂化，市场价格并不能完全吸收市场关于"关联度"和"可替代性"观点的信息，它只能部分反映信用风险，从而限制了它作为宏观审慎指标的有效性（马里奥·J. 列托，2013）。银行资产负债表不透明和批发融资增加了金融系统的脆弱性（Stijn Claessens et al.，2010），而加大监管信息公开力度可以提高市场指标的准确度（Evanoff 和 Wall，2002）。因此，监管部门应该向市场提供它们对金融机构检查和系统性评估的信息，并将此作为宏观审慎管理工具之一加以运用，且在一定程度和范围内进一步扩大信息披露范围，发挥市场约束在宏观审慎管理的作用。2014 年初，中国银监会颁布了《商业银行全球系统重要性评估指标披露指引》，要求表内外资产1.6 万亿元人民币以上的银行披露表内外资产规模、关联度和复杂性等相关信息，并鼓励商业银行自行披露更多信息，旨在增加商业银行透明度，加强市场约束。

7.2.3　防范影子银行（业务）对资本监管有效性的削弱

在宏观审慎资本监管中，需要进一步将影子银行纳入宏观审慎资本监管。影子银行体系自身扩张过程类似于商业银行货币创造过程，所不同在于，商业银行通过贷款创造信用货币，它受到较为严格的管控。影子银行在创造影子银行资产时，几乎不受监管，也并没有拨备或较高的资本金覆盖风险。如果不限制杠杆率的话，影子银行以相对于募集资金而言极少的权益资本就能撬动金额巨大的交易，一旦在影子银行运行中任何一个环节出现风险，将导致金融风险呈倍数扩大。虽然就目前情况而言，我国影子银行体系其自身信用创造能力较弱，但对此必须高度关注。从现阶段，监管部门主要是规范商业银行的影子银行业务。近年来，我国已经出台了不少文件规范影子银行业务。2013 年银监会出台《关于规范商业银行理财业务投资运作有关问题的通知》（银监发〔2013〕8 号），规定理财资金投资非标准化债权资产的总额，规范了商业银行理财产品运作。2014年 4 月，人民银行会同其他部门印发《关于规范金融机构同业业务的通知》（银发〔2013〕127 号），明确加快推进资产证券化业务常规发展，盘活存量、用好增量，支持金融机构加快推进资产证券化常规发展。2014 年，《中国银监会办公厅关于规范商业银行同业业务治理的通知》（银监办发〔2013〕140 号）对商业银行同业业务部门构建和交易作出了规定，有助于遏制金融机构套利行为。未来我国影子银行体系监管走向更加明朗，商业银行非标类资产投资将受到更为严格的限制。因此，在影子银行业务进一步规范的同时，可基于此类业务对商业银行实施资本附加等监管措施，降低系统性风险。

7.2.4   完善监管部门之间的协调沟通机制

从本书的分析和实证结果来看，宏观审慎资本监管的实施需要金融监管部门的协调配合才能更为有效地发挥作用。从时间维度来看，在逆周期资本缓冲的实施过程当中，需要宏观审慎管理对整个金融体系的系统性风险和宏观经济作出判断；我国的实际情况表明，我国大型银行和股份制银行在繁荣时期资本监管的约束力下降，而城市和农村商业银行在繁荣时期表现出较强的风险承担意愿。因此，在实施细节方面，需要银行监管部门判别哪些银行资本监管顺周期性，而哪些银行在繁荣时期表现出风险承担冲动，从而实施不同的逆周期监管政策。在逆周期资本缓冲实施过程中，实施的监管压力也是宏观审慎管理中需要考虑的内容。对于系统重要性银行的监管，宏观审慎管理不仅需要对系统重要性机构进行甄别，也需要根据实际的金融风险情况，着重对系统重要性不同维度进行有区别的应对。如当银行间市场出现大幅波动，宏观审慎管理则需要重点关注系统重要性银行的关联度和复杂度；如银行贷款违约率大幅攀升，宏观审慎管理则需要重点关注系统重要性机构的规模等因素。银行监管部门在此时可能无法单独对整体的系统性风险以及系统性风险触发点作出判断，还需要其他部门的配合才能进一步完善宏观审慎管理制度。从我国来看，2003 年基于货币政策执行与银行监管之间的冲突，中国人民银行单独行使货币政策和维护金融稳定的职能，不再对银行进行微观监管，而由银监会承担银行监管的职能，从而形成了我国"一行三会"的金融监管体系。2017 年，国务院金融稳定发展委员会成立，此后，2018 年银监会和保监会合并，成立了中国银行保险监督管理委员会，负责统筹和协调金融监管。中国人民银行具有维护金融稳定的职能，并且是银行的最后贷款人。因此，人民银行在国际金融危机后加强了对宏观审慎管理的研究和工作推进。2019 年，人民银行"三定方案"发布，国家明确赋予人民银行对系统重要性金融机构的监管职责，人民银行设立了宏观审慎管理局。中国银保监会在积极实施《商业银行资本管理办法（试行）》，其中同样包含大量的宏观审慎管理的工作。此外，随着金融创新和金融市场的发展，由于证券、银行存在不同的监管标准导致了金融产品根据不同的监管标准进行套利。金融监管需要一套更为科学的体系，避免监管套利带来的风险。

参 考 文 献

[1] 阿维·V. 阿可亚. 衡量系统性风险 [M] //Stijn Claessens, Douglas D. Evanoff, George G. Kaufman, Laura E. Kodres. 宏观审慎监管政策——通向金融稳定的新道路. 北京: 电子工业出版社, 2013.

[2] 包全永. 银行系统性风险的传染模型研究 [J]. 金融研究, 2005 (8).

[3] 巴曙松, 孙兴亮, 朱元倩. 如何应对"大而不倒"问题?——基于软预算约束理论的视角 [J]. 国际经济评论, 2012 (4).

[4] 巴曙松, 高江健. 基于指标法评估中国系统重要性银行 [J]. 财经问题研究, 2012 (9).

[5] 白雪梅, 石大龙. 中国金融体系的系统性风险度量 [J]. 国际金融研究, 2014 (6).

[6] 白钦先.20 世纪金融监管理论与实践的回顾和展望 [J]. 城市金融论坛, 2000 (5).

[7] 曹森. 留存资本缓冲与逆周期资本缓冲的模型分析 [J]. 金融理论与实践, 2014 (5).

[8] 陈雨露. 后危机时期货币金融稳定的新框架 [J]. 中国金融, 2009 (6).

[9] 陈颖, 李楠, 陈敏. 从资本监管制度演进看巴塞尔第三版资本协议 [J]. 新金融, 2011 (5).

[10] 陈强. 高级计量经济学即 Stata 应用 [M]. 北京: 高等教育出版社, 2010.

[11] 陈建青, 王擎, 许韶辉. 金融行业间的系统性金融风险溢出效应研究 [J]. 数量经济技术经济研究, 2015 (9).

[12] 陈伟平, 冯宗宪, 张娜. 资本缓冲对中国商业银行行为的影响——基于审慎监管视角 [J]. 中央财经大学学报, 2015 (4).

[13] 陈忠阳, 刘志洋.Basel Ⅲ逆周期资本缓冲机制表现好吗?——基于国际与中国的实证分析 [J]. 吉林大学社会科学学报, 2014 (5).

[14] 德勤中国金融服务业卓越中心. 监管治理新思维 [M]. 大连: 东北财经大学出版社, 2011.

[15] 哈维尔·弗雷克斯, 让·夏尔·罗歇. 微观银行经济学 [M]. 北京: 中国人民大学出版社, 2014.

[16] 何德旭, 钟震. 系统重要性金融机构与宏观审慎监管: 国际比较及政策选择 [J].金融评论, 2013 (5).

［17］胡海峰，代松．后金融危机时代系统性风险及其测度评述［J］．经济学动态，2012（4）．

［18］党宇峰，梁琪，陈文哲．我国上市银行资本缓冲周期性及其影响因素研究［J］．国际金融研究，2012（11）．

［19］高国华，潘英丽．银行系统性风险度量——基于动态 CoVaR 方法的分析［J］．上海交通大学学报，2011（12）．

［20］高国华．基于系统性风险的银行资本监管及其宏观经济效应［D］．上海：上海交通大学，2013.

［21］黄亭亭．宏观审慎管理操作框架研究［M］．北京：中国金融出版社，2011.

［22］黄宪，熊启跃．银行资本缓冲、信贷行为与宏观经济波动——来自中国银行业的经验证据［J］．国际金融研究，2013（1）．

［23］宫晓琳．未定权益分析方法与中国宏观金融风险的测度分析［J］．经济研究，2012（3）．

［24］贾彦东．金融机构的系统重要性分析——金融网络中的系统风险衡量与成本分担［J］．金融研究，2011（10）．

［25］蒋海，罗贵君，朱滔．中国上市银行资本缓冲的逆周期性研究：1998—2011［J］．金融研究，2012（9）．

［26］姜林．宏观系统性风险及其度量的国际经验借鉴［J］．金融发展评论，2015（6）．

［27］江曙霞，任婕茹．资本充足率监管压力下资本与风险的调整——基于美国商业银行数据的实证分析［J］．厦门大学学报（哲学社会科学版），2009（4）．

［28］金鹏辉，张翔，高峰．银行过度风险承担及货币政策与逆周期资本调节的配合［J］．经济研究，2014（6）．

［29］杰弗里·M. 伍德里奇．计量经济学导论（第四版）［M］．北京：中国人民大学出版社，2010.

［30］柯孔林，冯宗宪，陈伟平．银行资本缓冲的逆周期行为分析——来自中国上市银行的经验证据［J］．经济理论与经济管理，2012（3）．

［31］李青川．巴塞尔协议Ⅲ与中国银行业宏观审慎监管［D］．大连：东北财经大学，2014.

［32］李波，伍戈．影子银行的信用创造功能及其对货币政策的挑战［J］．金融研究，2011（12）．

［33］李波．以完善宏观审慎政策框架为核心　推进新一轮金融监管体制改革．中国金融四十人论坛，2016.

［34］李文泓．关于宏观审慎监管框架下逆周期政策的探讨［J］．金融研究，2009（7）．

［35］李文泓，罗猛．巴塞尔委员会逆周期资本框架在我国银行业的实证分析［J］．

国际金融研究，2011（6）．

[36] 李文泓，罗猛．关于我国商业银行资本充足率顺周期性的实证研究 [J]．金融研究，2010（2）．

[37] 李文泓，吴祖鸿．系统重要性金融机构监管：目标和政策框架 [J]．中国金融，2011（3）．

[38] 廖岷，杨元元．全球商业银行流动性风险管理与监管的发展状况及启示 [J]．金融研究，2008（6）．

[39] 廖岷，孙涛，丛阳．宏观审慎监管研究与实践 [M]．北京：中国经济出版社，2014．

[40] 刘志洋．银行信贷顺周期性产生机制及其逆周期调控 [J]．现代财经，2013（6）．

[41] 刘春航，朱元倩．银行业系统性风险度量框架的研究 [J]．金融研究，2011（12）．

[42] 刘生福，李成．货币政策调控、银行风险承担与宏观审慎管理 [J]．南开经济研究，2014（5）．

[43] 刘春志，范尧熔．银行贷款集中与系统性风险——基于中国上市商业银行（2007—2013）的实证研究 [J]．宏观经济研究，2015（2）．

[44] 陆虹．我国13家银行全球系统重要性银行评估指标分析 [J]．金融发展研究，2014（11）．

[45] 陆静，胡晓红．基于条件在险价值法的商业银行系统性风险研究 [J]．中国软科学，2014（4）．

[46] 梁琪，李政．系统重要性、审慎工具与我国银行业监管 [J]．金融研究，2014（8）．

[47] 马里奥·J. 列托．市场约束能在支持宏观审慎政策中扮演什么角色（如果有的话）？[M] //Stijn Claessens, Douglas D. Evanoff, George G. Kaufman, Laura E. Kodres. 宏观审慎监管政策——通向金融稳定的新道路．北京：电子工业出版社，2013．

[48] 毛奉君．系统重要性金融机构监管问题研究 [J]．国际金融研究，2011（9）．

[49] 苗永旺．宏观审慎监管研究 [M]．北京：中国金融出版社，2012．

[50] 苗永旺，王亮亮．金融系统性风险与宏观审慎监管研究 [J]．国际金融研究，2010（8）．

[51] 聂召．风险预警、信贷危机与宏观审慎管理策略研究 [D]．天津：南开大学，2013．

[52] 牛晓健，裘翔．利率与银行风险承担 [J]．金融研究，2013（4）．

[53] 潘林伟，吴娅玲．系统重要性金融机构监管的国际经验及对我国的启示 [J]．南方金融，2011（5）．

[54] 潘凌遥，蒋晓泉，费紫微．中国系统重要性银行附加资本计提机制研究——基于

Copula - CoVaR 模型［J］. 财经理论与实践（双月刊），2015，36（195）.

　　［55］彭建刚，吕志华. 论我国金融业宏观审慎管理制度研究的基本框架［J］. 财经理论与实践，2012（1）.

　　［56］彭建刚，邹克，蒋达. 混业经营对金融业系统性风险的影响与我国银行业经营模式改革［J］. 中国管理科学，2014（11）.

　　［57］卜林，李政. 我国上市金融机构系统性风险溢出研究——基于 CoVaR 和 MES 的比较分析［J］. 当代财经，2015（6）.

　　［58］钱水土，陈鑫云. 国外银行系统性风险研究综述［J］. 经济理论与经济管理，2014（9）.

　　［59］孙国峰. 信用货币制度下的货币创造和银行运行［J］. 经济研究，2001（2）.

　　［60］孙连友. 商业银行亲周期性与信用风险计量［J］. 上海金融，2005（3）.

　　［61］宋科. 金融体系制度性顺周期机制：理论与实证分析［J］. 经济理论与经济管理，2015（1）.

　　［62］宋清华，姜玉东. 中国上市银行系统性风险度量——基于 MES 方法的分析［J］. 财经理论与实践，2014（11）.

　　［63］沈庆劼. 新巴塞尔协议下是否依然存在监管资本套利［J］. 上海经济研究，2010（5）.

　　［64］田祥宇. 资本缓冲的周期性特征：基于中国上市银行的经验证据［J］. 宏观经济研究，2013（11）.

　　［65］王华庆. 监管之路——危机后的思考［M］. 上海：上海远东出版社，2014.

　　［66］王胜邦. 资本约束与信贷扩张［M］. 北京：中国金融出版社，2008.

　　［67］王胜邦，陈颖. 新资本协议内部评级法对宏观经济运行的影响：亲经济周期效应研究［J］. 金融研究，2008（5）.

　　［68］王珏. 中国系统重要性银行风险防范和监管研究［D］. 天津：南开大学，2014.

　　［69］王兆星. 构建金融宏观审慎监管框架——国际金融监管改革系列谈之七［J］. 中国金融，2013（18）.

　　［70］王兆星. 我国银行资本监管制度变革——国际金融监管改革系列谈之二［J］. 中国金融，2014（15）.

　　［71］王兆星. 我国微观与宏观审慎监管变革——银行监管改革探索之八［J］. 中国金融，2015（5）.

　　［72］王博，齐炎龙. 宏观金融风险测度：方法、争论与前沿进展［J］. 经济学动态，2015（4）.

　　［73］王力伟. 宏观审慎监管研究的最新进展：从理论基础到政策工具［J］. 国际金融研究，2011（11）.

　　［74］吴栋，周建平. 资本要求和商业银行行为：中国大中型商业银行的实证分析［J］. 金融研究，2006（8）.

［75］星焱．宏观波动、市场冲击与银行业系统性风险：基于中国92家银行的面板数据分析［J］．金融评论，2014（6）．

［76］徐超．系统重要性金融机构危机监管制度：历史与未来方向［J］．经济问题，2013（7）．

［77］徐明东，陈学彬．货币环境、资本充足率与商业银行风险承担［J］．金融研究，2012（7）．

［78］许友传，刘庆富，王智鑫．基于动态和前瞻性的贷款损失准备拨备适度性研究［J］．金融研究，2011（12）．

［79］肖振宇．系统重要性银行定义及其风险防范［J］．金融论坛，2011（11）．

［80］肖璞，刘轶，杨苏梅．相互关联性、风险溢出与系统重要性银行识别［J］．金融研究，2012（12）．

［81］杨柳，李力，韩梦瑶．逆周期资本缓冲机制在中国金融体系应用的实证研究［J］．国际金融研究，2012（5）．

［82］严兵，张禹，王振磊．中国系统重要性银行评估——基于14家上市银行数据的研究［J］．国际金融研究，2013（2）．

［83］中国银监会．中国银监会2010年年报，2011．

［84］中国银监会课题组．商业银行资本监管制度改革（七）：顺应资本监管国际规则的变化　完善我国资本监管制度安排［J］．中国金融，2010（7）．

［85］中国银监会课题组．商业银行资本监管制度改革（五）：建立额外资本要求　降低大型银行的道德风险［J］．中国金融，2010（5）．

［86］周小川．金融政策对金融危机的响应［J］．金融研究，2011（1）．

［87］张敏锋．我国宏观审慎政策有效性研究［D］．厦门：华侨大学，2014．

［88］张健华，贾彦东．宏观审慎政策的理论与实践进展［J］．金融研究，2012（1）．

［89］张宝．宏观审慎监管下的系统性资本要求研究——基于系统重要性金融机构的视角［J］．经济体制改革，2012（3）．

［90］张强，张宝．宏观审慎监管下的系统性资本要求［J］．中国金融，2011（17）．

［91］张琳，廉永辉．我国商业银行资本缓冲周期性研究——基于银行资本补充能力的视角［J］．管理世界，2015（7）．

［92］张雪兰，卢齐阳，鲁臻．银行高管薪酬与系统性风险——基于中国上市银行（2007—2013）的实证研究［J］．财贸经济，2014（11）．

［93］钟震．宏观审慎监管相关研究综述［J］．经济理论与经济管理，2012（7）．

［94］邹传伟．银行宏观审慎监管的基础理论研究［D］．北京：中国人民银行金融研究所，2012．

［95］邹传伟．对Basel Ⅲ逆周期资本缓冲效果的实证分析［J］．金融研究，2013（5）．

［96］周强，杨柳勇．论中国系统重要性银行识别——市场模型法还是指标法［J］．国际金融研究，2014（9）．

［97］周天芸，周开国，黄亮．机构集聚、风险传染与香港银行的系统性风险［J］．国际金融研究，2012（4）．

［98］朱建武．监管压力下的中小银行资本与风险调整行为分析［J］．当代财经，2006（1）．

［99］朱波，卢露．我国上市银行系统重要性度量及其影响因素［J］．财经科学，2014（12）．

［100］曾康霖等．金融学教程［M］．北京：中国金融出版社，2011．

［101］Adrian and Brunnermeier，2009. CoVaR，Federal Reserve Bank of New York Working Paper.

［102］Adrian and Brunnermeier，2011. COVaR，NBER Working Paper，No. 17454.

［103］A. N. Berger，R. J. Herring，G. P. Szegö，1995. The Role of Capital in Financial Institutions，J. Banking Finance，19：257 – 276.

［104］Allen F. ，Babus A. ，Carletti E. ，2010. Financial Connections and Systemic Risk，NBER Working Paper No. 16177.

［105］Allen F. and Gale D. ，2000. Financial Contagion，Journal of Political Economy，108：1 – 33.

［106］Arellano，M. and Bond，1991. Some Tests of Specification for Panel Data：Monte Carlo Evidence and an Application to Employment Equation，Rview of Economic Studies，58：277 – 297.

［107］Asea P. K. ，Blomberg B. ，1998. Lending Cycles. Journal of Econometrics，1998（1）．

［108］Ayuso J. ，Perez D. ，Saurina，J. ，2004. Are Capital Buffers Pro – cyclical? Evidence from Spanish Panel Data. Journal of Financial Intermediation，（13）：249 – 264.

［109］Bisias D. ，M. Flood，A. W. Lo，and S. Valavanis，2012. A Survey of Systemic Risk Analytics，Office of Financial Research Working Paper #0001.

［110］Bernanke B. ，Gertler M. ，1995. Inside the black – box—the credit channel of monetary – policy transmission. Journal of Economic Perspectives，9（4）：27 – 48.

［111］Ben S. Bernanke，Mark Gertler，Simon Gilchrist，1999. The Finaneial Accelerator in a Quantitative Business Cyele Framework. Handbook of Marcoeconomics，Volume 1，Part C.

［112］Benjamin M. Tabak，Dimas M. Fazio，Daniel O. Cajueiro，2013. Systemically important banks and financial stability：The case of Latin America，Journal of Banking & Finance 37 pp. 3855 – 3866.

［113］BCBS，2010a. Guidance for national authorities operating the countercyclical capital buffer. BCBS Publications.

［114］BCBS. 2010b, Basel Ⅲ： A global regulatory framework for more resilient banks and banking systems.

［115］BCBS, 2010c, Countercyclical Capital Buffer Proposal, Issued for comment by 10 September.

［116］BCBS, 2010d, The Basel Committee's response to financial crisis： report to the G20 October .

［117］BCBS, 2011. Global Systemically Important Banks： Assessment Methodology and the Additional Loss Absorbency Requirement. Rules text, November.

［118］Basel Committee on Banking Supervision, 2012. A Framework for Dealing with Domestic Systemically Important Banks . Publications.

［119］Basel Committee on Banking Supervision, 2000. Financial stability and the Basel capital accord. March, mimeo. Bank for International Settlements.

［120］Bank of England, 2009. The Role of Macroprudential Policy： A Discussion Paper, http： //www. bankofengland. co. uk/publications/news/2009/111. htm.

［121］BIS, 2008. Addressing financial system procyclicality： a possible framework, Note for the FSF Working Group on Market and Institutional Resilience.

［122］BIS, 2010a. 80th BIS Annual Report, Basel, June.

［123］BIS, 2010b. Macroprudential Instruments and Frameworks： A Stocktaking of Issues and Experiences. CGFS papers, 38 (05) .

［124］Bin Wang and Tao Sun, 2012. How Effective are Macroprudential Policies in China, WP/13/75, IMF Working Paper.

［125］Bliss R. , Kaufman G, 2003. Bank procyclicality, credit crunches, and asymmetric monetary policy effects： A unifying model. Journal of Applied Finance, 13： 23 – 31.

［126］Borio C, 2003. Towards a Macroprudential Framework for Financial supervision and regulation? , BIS Working Papers No. 128.

［127］Borio, Tarashev, Tsatsaronis, 2010. Allocating systemic risk to individual institutions, BIS Working Papers, May.

［128］Borio C. , 2010. Implementing a Macroprudential Framework： Blending Boldness and Realism. Keynote Speech at the HKIMR – BIS conference Financial Stability： Towards a Macroprudential approach. Bank for International Settlements.

［129］Brunnermeier M. , Crockett A. , Goodhart C. , Persaud A. D. and Shin H. , 2009. The fundamental principles of financial regulation, international center for monetary and banking studies, Geneva report on the world economy, Switzerland.

［130］Carlos Castro and Stijn Ferrari, 2014. Measuring and testing for the systemically important financial institutions, Journal of Empirical Finance, 25： 1 – 14.

［131］Caterina Mendicino, Maria Teresa Punzi, 2014. House Prices, Capital Inflows and

Macroprudential Policy, Journal of Banking & Finance, 49: 337 – 355.

[132] Céline Gauthier , Alfred Lehar, Moez Souissi, 2012. Macroprudential capital require-ments and systemic risk, Journal of Financial Intermediation, 21 (4), pp. 594 – 618.

[133] Céline Gauthier, Toni Gravelle, Xuezhi Liu and Moez Souissi, 2011. What Matters in Determining Capital Surcharges for Systemically Important Financial Institutions? Bank of Canada Discussion Paper.

[134] Chin – Bun Tse, Timothy Rodgers, Jacek Niklewski, 2014. The 2007 financial crisis and the UK residential housing market: Did the relationship between interest rates and house prices change? . Economic Modelling, 37 , 518 – 530.

[135] Cho J. H. , Parhizgari A. M. , 2008. East Asian financial contagion under DCC – GARCH. International Journal of Banking and Finance , 6 (1) .

[136] Choi G. , 2000. The Macroeconomic Implications of Regulatory Capital Adequacy Requirements for Korean Banks. Economic Notes, (29): 111 – 143.

[137] Chiuri M C, Ferri G, Majnoni G. , 2000. The Macroeconomic Impact of Bank Capital Requirementsin Emerging Economics: Past Evidence to Assess the Future. The World Bank, University of Bari.

[138] Christopher Crowe, Giovanni Dell'Ariccia, Deniz Igan, 2013. How to deal with real estate booms: Lessons from country experiences, Journal of Financial Stability, 9 (3): 300 – 319.

[139] Christoph Basten, Cathérine Koch, 2015. Higher Bank Capital Requirements and Mortgage Pricing: Evidence from the Countercyclical Capital Buffer (CCB), BIS Working Papers No. 511.

[140] Cheng Hoon Lim, Ivo Krznar, Fabian Lipinsky, Akira Otani, and Xiaoyong Wu, 2013. The Macroprudential Framework: Policy Responsiveness and Institutional Arrangements, IMF Working Paper, WP/13/166.

[141] Chan S. and Van Wijnbergen, S. , 2014. Cocos, Contagion and Systemic Risk. Duisenberg school of finance – Tinbergen Institute Discussion Paper, TI 14 – 110/ DSF 79.

[142] Coffinet J. , Coudert V. , Pop A. , Pouvelle C. , 2011. Two – way Interplays between Capital Buffers, Credit and Output: Evidence from French Banks. Banque de France Working Paper No. 316.

[143] Christoph Basten and Catherine Koch, 2014. Higher Bank Capital Requirements and Mortgage Pricing: Evidence from the Counter – Cyclical Capital Buffer, University of Zurich Work-ing Paper No. 169.

[144] CGFS (Committee on the Global Financial System), 2012. Operationalising the selection and application of macroprudential instruments. CGFS Papers No. 38.

[145] C. Lim, F. Columba, A. Costa, P. Kongsamut, A. Otani, M. Saiyid, T. Wezel,

and X. Wu, 2011. Macroprudential Policy: What Instruments and How to Use Them? Lessons from Country Experiences, WP/11/238, IMF Working Paper.

[146] David Jonesi, 2000. Emerging Problems With the Basel capital Aceord: Regulatory capita arbitrage and related issues, Journal of Banking & Finance.

[147] Drehmann M. , Gambacorta L. , 2012. The effects of countercyclical capital buffers on bank lending. Applied Economics Letters, 19 (7): 603 - 608.

[148] Dirk Schoenmaker, 2015. Regulatory Capital: Why is it different, Accounting & Business Research, 45 (4): 468 - 483.

[149] Dewatripont M. and Tirole J. , 1994. The Prudential Regulation of Banks. Cambridge (MA): MIT Press.

[150] Diane Pierret, 2015. Systemic risk and the solvency - liquidity nexus of banks SSRN Working Paper, No. 2584130.

[151] Danielsson J. , Embrechts P. , Goodhart C. , Keating C. , Muennich, F. , Renault, O. , Shin, H. S. 2001. An Academic Rsesponse to BaselII. LSE Financial Markets Group Special Paper No. 130.

[152] D. Besanko, G. Kanatas, 1996. The regulation of bank capital: Do capital standards promote bank safety? J. Finan. Intermediation, 5 (4) , pp. 160 - 183.

[153] Diamond and Dybvig, 1983. bank runs, deposit insurance, and liquidity, journal of political economy, 91 (3): 401 - 419.

[154] Engle R. F. , Sheppard K. , 2001. Theoretical and Empirical properties of Dynamic Conditional Correlation Multivariate GARCH, NBER Working Paper No. 8554, 10.

[155] ECB European Central Bank, 2009. Theconcept of systemic risk. Special Feature in the December Financial Stability Report.

[156] Eijffinger S. , 2012. Defining and Measuring Systemic Risk. In Eijffinger, S. , and Masciandaro, D. editor, Handbook of Central Banking, Financial Regulation and Supervision, Edward Elgar, Cheltenham, Northampton, 316 - 317.

[157] Elisabetta Gualandri, Andrea Landi, Valeria Venturelli, 2009. Financial Crisis and New Dimensions of Liquidity Risk: Rethinking Prudential Regulation and Supervision. Journal of Money, Investment and Banking, (8) .

[158] FSB, 2009, Reducing procyclicality arising from the bank capital framework, Joint FSF - BCBS Working Group on Bank Capital Issues.

[159] FSB, 2010. Reducing the Moral Hazard Posed by Systemically Important Financial Institutions. FSB Recommendations and Time Lines.

[160] FSB, 2011. Intensity and Effectiveness of SIFI Supervision, Progress report on implementing the recommendations on enhanced supervision.

[161] Furfine C. , 2000. Evidence on the Response of US Banks to Changes in Capital

Requirements. BIS Working Paper.

[162] Furlong F T, Keeley M C. , 1989. Capital regulation and bank risk – taking: Anote [J]. Journal of Banking and Finance, 13 (6): 883 – 891.

[163] FSA, 2009. The turner review: a regulatory response to the global banking crisis.

[164] FSB, BIS, IMF. 2011. Macroprudential Policy Tools and Framework Update to G20 Finance Ministersand Central Bank Governors.

[165] FSB, 2009, 79th BIS Annual Report, Basel, June.

[166] Gray D. , R. Merton, and Z. Bodie, 2008, New Framework for Measuring and Managing Macrofinancial Risk and Financial Stability, Harvard Business School Working Paper.

[167] Goodhart C. , Hartmann P. , Llewellyn D. Rojas – Suarez L. , and Weisbrod S. , 1998. Financial Regulation: Why, How and Where Now? Routledge, London.

[168] Gianni De Nicolò, Giovanni Favara and Lev Ratnovski, 2012. Externalities and Macroprudential Policy, IMF Working Paper.

[169] Hanson, Kashyap, Stein, 2010. A Macroprudential Approach to Financial Regulation, The Journal of Economic Perspectives, 25 (1) : 3 – 28.

[170] Hasan Doluca, Ulrich Klüh, Marco Wagner, Beatrice Weder di Mauro, 2010. Reducing Systemic Relevance: A Proposal, german council of economic experts, Working Paper 04.

[171] Haldane, andrew, 2010. The MYM100 Billion question, Speech to Institute of Regulation and risk, Hongkong, mar.

[172] Hellmann T. , K. Murdock and J. Stiglitz, 2000, Liberalisation, Moral Hazard in Banking, and Prudential regulation: Are Capital Requirements Enough? . The American Economic Review 90, 147 – 165.

[173] IMF, 2011a. Macroprudential policy : an organizing framework, Washington, DC.

[174] IMF, 2011b. Towards effective macro – prudential policy framework: an assessment of stylized institutional models, IMF Working Paper No. 250.

[175] IMF, 2011c. recent experiences in managing captital inflows – cross – cutting themes and possible policy framework, IMF Policy Paper.

[176] IMF, 2013. Key Aspects of Macroprudential Policy – background Paper.

[177] IMF, BIS, FSB, 2009. Guidance to Assess the Systemic Importance of Financial Institutions, Markets and Instruments: Initial Considerations – Background Paper.

[178] IMF, FSB, BIS, 2011, Macroprudential Policy: An Organizing Framework.

[179] Janko Cizel, Jon Frost, Aerdt Houben, and Peter Wierts, 2016. Effective Macroprudential Policy: Cross – Sector Substitution from Price and Quantity Measures, IMF Working Papers, WP/16/94.

[180] Jonathan D. Ostry, Atish R. Ghosh, Marcos Chamon, Mahvash S. Qureshi,

2012. Tools for managingfinancial – stability risks from capital inflows, Journal of International Economics (88): 407 – 421.

[181] José Viñals, 2011. Macroprudential Policy: An Organizing Framework, IMF Working Paper.

[182] J. Blum, 1999. Do capital adequacy requirements reduce risks in banking? J. Banking Finance, 23: 55 – 771.

[183] J. P. Harding, X. Liang, S. L. Ross, 2013. Bank capital requirements, capital structure and regulation, J. Financial Serv. Res. , 43 (2): 127 – 148.

[184] Jorge A. Chan – Lau, 2010. Regulatory Capital Charges for Too – Connected – to – Fail Institutions: A Practical Proposal, Finance Markets Institutions & Instruments, 19 (5): 355 – 379.

[185] Jérôme Coffinet, Virginie Coudert, Adrian Pop, Cyril Pouvelle. Two – way interplays between capital buffers and credit growth: Evidence from French banks. Journal of International Financial Markets, Institutions & Money, 2012, 22: 1110 – 1125.

[186] Kaufman G. , Scott. K. , 2003. What is Systemic Risk, and Do Bank Regulators Retard or Contribute to It. Independent Review, 7 (3) : 371 – 391.

[187] Kareken J. H. & Wallace N. , 1978, Deposit Insurance and Bank Regulation; A Partial – Hquilibrium l^xposilion. The Journal of Business, 51 (3): 413 – 438.

[188] Kahane Y. , 1977. Capital adequacy and the regulation of financial intermediaries. Journal of Banking and Finance, 1 (2): 207 – 218.

[189] Kashyap, Stein, 2004. Cyclical implications of the basel II capital standards. Economic Perspectives, (10) .

[190] Katalin Méro, Studies on the procyclical behaviour of banks. MNB Occasional Papers, 2002 (10): 51 – 94.

[191] Kevin, 2009. The failure of capital adequacy regulation , verdicet on the crash causes and policy implications, edited by Philip booth, the institute of economic affairs, 73 – 80.

[192] Kevin Jacques, Peter Nigro, 1997. Risk – based capital, portfolio risk, and bank capital: A simultaneous equations approach, Journal of Economics and Business, 49 (6): 533 – 547.

[193] Kim D, Santomero A M. , 1988. Risk in banking and capital regulation [J] . Journal of Finance, 43 (5): 1219 – 1233.

[194] Kim H. W. , Lee H. , 2006. Bank Capital Regulation and procyclicality of Bank lending: Implieations for Basel II lmplementation, Korea Develonment Insitute, Working Paper.

[195] Laeven L. , Majnoni G. , 2003. Loan Loss Provisioning and Economic Slowdown: Too Much, Too Late? . Journal of Financial Intermediation, 12 (2) .

[196] Lindquist K. , 2004. Banks' Buffer Capital: How Important Is Risk? . Journal of

International Money and Finance, 23 (3): 493 – 513.

[197] Markus Brunnermeier, Andrew Crocket, Charles Goodhart, Avinash D. Persaud. Hyun Shin. , 2009. The Fundamental Principles of Financial Regulation [R]. Geneva Reports on the World Economy , International Center for Monetary and Banking Studies.

[198] Markus K. Brunnermeier, Lasse Heje Pedersen. , 2008. Market liquidity and funding liquidity. Review of Financial Studies, 22 (6) .

[199] Marc Farag, Damian Harland. , 2013. Bank capital, liquidity. Quarterly Bulletin, (Q3) .

[200] Margarita Rubioa, José A. Carrasco – Gallego, 2014. Macroprudential and monetary policies: Implications for financial stability and welfare. Journal of Banking & Finance, 49: 326 – 336.

[201] Morrison A. , 2011. Systemic Risks and the Too – big – to – fair Problem. Oxford Review of Economic Policy, 27 (3): 498 – 516.

[202] Michal Skořepa and Jakub Seidler, 2014. Capital Buffers Based on Banks' Domestic Systemic Importance: Selected Issues, International Conference on Pipelines & Trenchl, 7 (3): 437 – 453.

[203] M. Koehn, A. M. Santomero, 1980, Regulation of bank capital and portfolio risk, J. Finance, (35): 1235 – 1250.

[204] M. C. Keeley, F. T. Furlong, 1990. A re – examination of mean – variance analysis of bank capital regulations, J. Banking Finance, 14, pp. 69 – 84.

[205] Nier E. and U. Baumann, 2006. Market Discipline, Disclosure and Moral Hazard in Banking, Journal of Financial Intermediartion, 15, 321 – 356.

[206] Nier E. W. , 2009. Financial Stability Frameworks and the Role of Central Banks: Lessons from the Crisis. IMF Working Paper WP/09/70.

[207] Nikola Tarashev, Claudio Borio, Kostas Tsatsaronis , 2010. Attributing systemic risk to individual institutions, BIS Working Papers No. 308.

[208] Nada Mora and Andrew Logan, 2010. Shocks to bank capital: evidence from UK banks at home and away, Bank of England Working Paper, March No. 387: 1 – 32.

[209] Olivier Jeanne, Ant On Korine K, 2014. Macroprudential policy beyond banking regulation, Financial Stability Review · No. 18 · April 2014, Macroprudential policies: implementation and interactions.

[210] Paweł Smaga, 2014. The concept of systemic risk, SRC Special Paper No. 5 .

[211] Peter Balogh, 2012. Macro prudential Supervision Tools in the European Banking System, Procedia Economics and Finance, (3): 642 – 647.

[212] Panetta F. , Angelini P. , Albertazzi U. , Columba F. , Cornacchia W. , Di Cesare A. , Pilati A. , Salleo C. , Santini G. , 2009. Financial Sector Pro – cyclicality: Lessons from the

Crisis [R] . Bank of Italy Occasional Paper No. 44.

[213] Paola Bongini, Laura Nieri, Matteo Pelagatti, 2015. The importance of being systemically important financial institutions, Journal of Banking & Finance 50, pp. 562 – 574.

[214] Pierre – Richard Agénor, Luiz A. Pereira da Silva, 2014. Macroprudential Regulation and the Monetary Transmission Mechanism, Journal of Financial Stability, 13: 44 – 63.

[215] Q. Farooq Akram, 2014. Macro effects of capital requirements and macroprudential policy, Economic Modelling, (42), pp. 77 – 93.

[216] Rashmi Harimohan, Benjamin Nelson , 2014. How might macroprudential capital policy affect credit conditions?, SSRN Working Paper.

[217] R. Rajan. , 1994, Why bank credit policies fluctuate: a theory and some evidence, quarterly journal of ecomomics, 109 (2) .

[218] Rashmi Harimohan, Benjamin Nelson, 2012. How might macroprudential capitalpolicy affect credit conditions?, Bank of England, Bank of England Quarterly Bulletin Q3.

[219] Robert A. Hetzel, 1991. Too Big to Fail: Origins, Consequences and Outlook, Federal Reserve Bank of Richmond Economic Review, (6): 3 – 15.

[220] Santos J A C. , 1999. Bank Capital and Equity Investment Regulation. Journal of Banking and Finance, (13): 1095 – 1120.

[221] Sami Alpanda, Gino Cateau and Cesaire Meh, 2014. A Policy Model to Analyze Macroprudential Regulations and Monetary Policy, BIS Working Papers No. 461.

[222] S. Battiston , G. di Iasio , L. Infante , F. Pierobon, 2015. Capital and Contagion in Financial Networks, Ifc Bulletins Chapters, 39.

[223] Schoenmaker D. , 1996. Contagion Risk in Banking. London: London School of Economics, 86.

[224] Schoenmaker D. ed. , 2014. Macroprudentialism. VoxEU eBook, London: CEPR.

[225] Sebastian C. Moenninghoff, Steven Ongena, Axel Wieandt, 2015. The perennial challenge to counter Too – Big – to – Fail in banking: Empirical evidence from the new international regulation dealing with Global Systemically Important Banks, Journal of Banking & Finance 61, pp. 221 – 236.

[226] Schäfer A. , Schnabel I. , Weder di Mauro B. , 2015. Financial sector reform after the subprime crisis: has anything happened. Review of Finance, Forthcoming.

[227] Sibel Celık, 2012. The more contagion effect on emerging markets: The evidence of DCC – GARCH model, Economic Modelling, 29, pp. 1946 – 1959.

[228] Stijn Claessens and Swati R. Ghosh, 2012. Macroprudential policies lessons for and from emerging markets, East Working Paper.

[229] Stephanie, Michael, 2005. Banks' regulatory capital bufferand the business cycle: evidence for German savings and cooperative banks, Discussion Paper, Deutsche Bundesbank.

[230] Shekhar Aiyar, Charles W. Calomiris and Tomasz Wieladek, 2012. Does macropru leak? Evidence from a UK policy experiment, bank of England Working Paper No. 445.

[231] Shrieves R, Dahl D. , 1992. The relationship between risk and capital in commercial banks. Journal of Banking and Finance, 16 (2): 439 – 457.

[232] Slovik P. , 2011, Systemically Important Banks and Capital Regulation Challenges, OECD Economics Department Working Papers, No. 916, OECD.

[233] Stoltz S. , Wedow M. , 2011. Banks' Regulatory Capital Buffer and the Business Cycle: Evidence for Germany. Journal of Financial Stability, 7 (2): 98 – 110.

[234] Stijn Claessens, Swati R. Ghosh, and Roxana Mihet, 2014. Macro – Prudential Policies to Mitigate Financial System Vulnerabilities, IMF Working Paper, wp/14/155, August.

[235] Simo Kalatie, Helina Laakkonen, Eero Tolo, 2015. Indicators used in setting the countercyclical capital buffer, Bank of Finland Research Discussion Papers 8.

[236] Stern Gary H. , Feldman Ron J. , 2004. Too Big to Fail: the Hazards of Bank Bailouts, Brookings Institution Press, Washington, D. C.

[237] S. Battiston, G. di Iasio, L. Infante, F. Pierobon, 2013. Capital and Contagion in Financial Networks, Cytokine, 50 (2): 220 – 227.

[238] Tabak, B. M. , Noronha, A. C. , Cajueiro, D. , 2011. Bank Capital Buffers, Lending growth and Economic Cycle: Empirical Evidence for Brazil. BIS CCA – 004 – 2011.

[239] Tito Cordella, Samuel Pienknagura, 2013, Macro Prudential Policies from a Micro Prudential Angle, The World Bank Policy Research Working Paper 6721.

[240] Terhi Jokipii, Alistair Milne, 2008. The cyclical behaviour of European bank capital buffers, Journal of Banking & Finance 32: 1440 – 1451.

[241] Thierry Tressel, Yuanyan Sophia Zhang, 2016. Effectiveness and Channels of Macroprudential Instruments Lessons from the Euro Area, IMF Working Papers, WP/16/4.

[242] White W. R. , 2006. Procyclicality in the financial System: Do We Need a New Macrofinancial Stabilization Framework, BIS Working Papers, No. 193.

[243] Xiong Q. , 2013. The Role of the Bank Lending Channel and Impacts of Stricter Capital Requirements on the Chinese Banking Industry, Bank of Finland Working Paper 07.

后 记

本书的成形是基于我的博士论文内容，从论文的选题到完成，经历了非常多的曲折。虽然每一步都走得很艰辛，但看着论文的完成，我心中充满了激动。本书研究的主要内容是宏观审慎资本监管，但宏观审慎资本监管与其他宏观审慎管理工具的配合以及效果检验等方面内容本书尚未涉及，这也是下一步研究的方向。此外，如何打造适合我国实际情况的宏观审慎管理工具更是值得研究的方向；如何结合我国国有金融企业实际，打造适合的宏观审慎管理体系是值得深思的。

本书从选题、提纲、初稿和修改到最后定稿得到了刘锡良老师悉心的指导，我谨向刘老师表达崇高的敬意和由衷的感谢！能够成为刘老师的学生，我感到非常自豪和骄傲！希望自己能够继续努力，不枉老师对我的教诲和关爱！

感谢西南财经大学中国金融研究中心董青马老师。本书的选题、提纲、逻辑框架，得到了董青马老师的指导。在我写作最迷茫的时候，董老师的指导给予了我极大的帮助。在本书写作的过程中，中国金融研究中心王擎老师、曹廷贵老师、洪正老师、刘晓辉老师、万晓莉老师、颜文业老师、彭克强老师、张琳老师、付一书老师、李雪老师、温晓倩老师提出了宝贵的意见和建议。本书的完成还要感谢许坤博士、朱子贤博士、吴佳其博士、傅毅辉博士、任哲博士以及中国金融研究中心 2013 级同窗同学刘倩博士、陈雪梅博士、任渝博士、苏静博士、谭余夏博士、邓博文博士、刘雪松博士、王军博士、王明伟博士、王高义博士。感谢我的硕士同学王政为本书提供的相关资料。感谢中国人民银行南昌中心支行的领导和同仁们。

感谢我的家人，我的父亲、我的母亲默默支持我。家人的牵挂和关心是我继续努力的动力。

本书的出版还要感谢西南财经大学中国金融研究中心以及中国金融出版社编辑的大力支持和辛勤细致的劳动付出。

汪航

2020 年 5 月于柳林明辨园